essentials

Essentials liefern aktuelles Wissen in konzentrierter Form. Die Essenz dessen, worauf es als „State-of-the-Art" in der gegenwärtigen Fachdiskussion oder in der Praxis ankommt. *Essentials* informieren schnell, unkompliziert und verständlich

- als Einführung in ein aktuelles Thema aus Ihrem Fachgebiet
- als Einstieg in ein für Sie noch unbekanntes Themenfeld
- als Einblick, um zum Thema mitreden zu können

Die Bücher in elektronischer und gedruckter Form bringen das Fachwissen von Springerautor*innen kompakt zur Darstellung. Sie sind besonders für die Nutzung als eBook auf Tablet-PCs, eBook-Readern und Smartphones geeignet. *Essentials* sind Wissensbausteine aus den Wirtschafts-, Sozial- und Geisteswissenschaften, aus Technik und Naturwissenschaften sowie aus Medizin, Psychologie und Gesundheitsberufen. Von renommierten Autor*innen aller Springer-Verlagsmarken.

Eva-Susanne Krah · Johanna Leitherer

Best of springer-professional.de 2025: Marketing + Vertrieb

Springer Gabler

Eva-Susanne Krah
Wiesbaden, Deutschland

Johanna Leitherer
Dieburg, Deutschland

ISSN 2197-6708 ISSN 2197-6716 (electronic)
essentials
ISBN 978-3-658-50811-1 ISBN 978-3-658-50812-8 (eBook)
https://doi.org/10.1007/978-3-658-50812-8

Die Deutsche Nationalbibliothek verzeichnet diese Publikation in der Deutschen Nationalbibliografie; detaillierte bibliografische Daten sind im Internet über https://portal.dnb.de abrufbar.

- Aktuelle Trends und Herausforderungen in Marketing und Vertrieb im digitalen Zeitalter
- Strategien zur Integration von KI und Automatisierung in Vertriebs- und Marketingprozesse
- Innovative Ansätze für Kundenansprache und Hyperpersonalisierung entlang der Customer Journey
- Praxisnahe Tipps zur Effizienzsteigerung, Kostenoptimierung und permanenten Performance-Messung

Besser und effizienter mit KI

Liebe Leserinnen und Leser,

mit dem neuen *essential* Best of springerprofessional.de: Marketing + Vertrieb 2025 ist wieder eine spannende, komprimierte Sammlung wichtiger Marketing- und Vertriebsthemen des zurückliegenden Jahres gelungen. Die vergangenen Monate standen in beiden Bereichen vor allem im Zeichen Künstlicher Intelligenz. Die Technologie hat zum Beispiel als generative KI und mit LLMs (Large Language Models) in etlichen Marketing- und Vertriebsprozessen schon Einzug gehalten. Ziel ist, mehr Effizienz und bessere Performance-Ergebnisse in der Vertriebs- und Marketingarbeit zu erreichen. Teams können von KI-Unterstützung in ihrem Vertriebs- und Marketingalltag an vielen Stellen schon profitieren – etwa im Leadmanagement oder in der Marketing-Kommunikation. Der Reifegrad bei KI-Projekten in den Unternehmen ist jedoch noch sehr unterschiedlich ausgeprägt.

Welche Trends besonders der Einsatz von KI nach sich zieht, können Sie in der vorliegenden *essential*-Sammlung der interessantesten Online-Beiträge unseres Online-Portals springerprofessional.de nachlesen.

Aber nicht nur in Sachen Künstliche Intelligenz, sondern auch in der klassischen Marketing- und Vertriebsarbeit wurde in den vergangenen Monaten deutlich, dass vor allem das Kundenerlebnis, die Kundenbedürfnisse und die Kundenzentrierung stark im Mittelpunkt der strategischen Ausrichtung von Marketing- und Vertriebsverantwortlichen von Unternehmen stehen. Danach müssen sich die verschiedenen Prozesse noch intensiver als bisher ausrichten, um auch in bewegten Märkten erfolgreich zu sein. Vertriebs- und Marketingabteilungen finden ganz unterschiedliche Konzepte dafür. Eines ist, moderne Technologie wie KI zu integrieren.

Wir haben in diesem *essential* die thematischen Schwerpunkte des vergangenen Jahres für Sie zusammengestellt, die im Fachgebiet Marketing + Vertrieb von springerprofessional.de bis Anfang November 2025 online erschienen sind. Alle Beiträge finden Sie auch einzeln in unserer digitalen Wissensdatenbank für Wirtschaft + Technik auf springerprofessional.de. Dort können Sie auch auf alle anderen bereits erschienenen *essentials* aus dem Fachgebiet Marketing + Vertrieb und viele weitere Online-Beiträge sowie aktuelle Buch- und Zeitschriftenartikel aus diesen und weiteren Wissensgebieten zugreifen.

▶   Springer Professional ist die einzigartige Kombination aus digitaler Fachbibliothek und redaktionellem Service in der großen Wissenswelt von Springer Nature.

Ihr Vorteil: Diese kompakte Sammlung aktueller Trendbeiträge bietet Ihnen die Möglichkeit, sich mit wichtigen Entwicklungen aus beiden Fachbereichen kompakt zu beschäftigen. Damit sind Sie gut informiert, lernen Expertinnen und Experten über die Beiträge kennen und erhalten zugleich wichtige Impulse für Ihr eigenes Geschäft, etwa für den Einsatz von KI im B2B-Vertrieb und Marketing.

Viel Spaß beim Lesen wünscht Ihre Springer-Professional-Redaktion!

Inhaltsverzeichnis

Über die Autoren

Eva-Susanne Krah ist Chefredakteurin der Springer-Zeitschrift Sales Excellence bei der Springer Fachmedien Wiesbaden GmbH und zudem Channel Managerin Marketing + Vertrieb bei Springer Professional. Sie schreibt vor allem über die Themenschwerpunkte Vertriebsmanagement und Vertriebsstrategien, moderiert Fachevents im Themengebiet und beschäftigt sich aktuell besonders mit dem Einsatz von KI im B2B-Vertrieb.

Johanna Leitherer arbeitet als freiberufliche Redakteurin, Journalistin und Texterin. Seit Sommer 2017 schreibt sie für springerprofessional.de über Marketing- und Vertriebsthemen.

Vertriebsorganisationen richtig planen und strukturieren

1

Eva-Susanne Krah am 11.11.2025
Neue Vertriebskanäle helfen, das B2B-Geschäft schnell zu erweitern und neue Kundenzielgruppen zu erreichen. Dabei sind eine präzise Planung und der richtige Fokus bei Ansätzen für die Vertriebsorganisation wichtig.

Vertriebskanäle und die Struktur für Vertriebsstrategien richtig aufzubauen und zu steuern, sind wichtige Ziele innerhalb der Vertriebsorganisation. Sie rücken immer dann in den Mittelpunkt, wenn zum Beispiel

- neue Märkte,
- eine neue Kundenzielgruppe oder
- ein anderer Markenfokus angegangen werden sollen, etwa bei geplanten Absatzkanälen.

Muhammed Bagriacik von XCRM betont in einem Webbeitrag die Bedeutung richtiger Vertriebsstrukturen. Sie seien nicht nur für die Vertriebsaktivitäten und das Umsatzwachstum verantwortlich, sondern auch eine „optimale Absatzkanal-Wahl und ein intelligentes CRM-System als technischer Unterbau" dienten als Erfolgsfaktoren. Dabei kommt es wesentlich darauf an, die Vertriebskanalorganisation von Anfang an auf die richtigen Füße zu stellen, denn, so Bagriacik: „Eine durchdachte Vertriebsstruktur bringt Klarheit in die Abläufe und weist jedem Mitarbeiter konkrete Aufgaben zu." Schließlich sei der Verkaufsprozess kein „starres Gebilde". Vielmehr verändert sich dieser aus seiner Sicht und wird im digitalen Zeitalter immer anspruchsvoller beziehungsweise komplexer. Und: Mangelnde Vertriebsstrukturen sind häufig der Grund für schwächelnde Umsatzzahlen,

1

E.-S. Krah, J. Leitherer, *Best of springerprofessional.de 2025: Marketing + Vertrieb*, essentials, https://doi.org/10.1007/978-3-658-50812-8_1

schreibt Isabel Stühler von Pro.eta. & Workshops in ihrem Sales-Excellence-Beitrag „Vertriebsstrukturen in bessere Bahnen lenken" (Ausgabe 9/2023). Häufig liegt Ihrer Ansicht nach dann keine gut durchdachte, langfristig ausgerichtete Vertriebsstruktur mehr vor (S. 17).

Wenn es speziell um Absatzkanäle als Bestandteil der Vertriebsstruktur geht, rät Springer-Autor Manuel Beck in einem Kapitel seines Buchs (S. 175) „Vertriebsstrategien transformieren", dazu, diese drei Schlüsselfragen zu beachten:

- Zielkunden der Kanäle: Welche Kanäle sollen welche Kundensegmente ansprechen?
- Aufgaben der Kanäle: Welche spezifischen Aufgaben und Funktionen haben die verschiedenen Kanäle
- Schnittstellenmanagement: Wie wird der Umgang mit Schnittstellen zwischen den Kanälen gehandhabt?
- Herausforderungen der Kanalintegration: Welche weiteren Herausforderungen könnten bei der Integration verschiedener Verkaufskanäle auftreten?
- Varianten für die Vertriebsorganisation

Ist die Vertriebsorganisation eines Unternehmens nach Absatzkanälen organisiert, so unterstehen der Vertriebsleitung beispielsweise die Bereiche Direktvertrieb mit Key Accounts und Telesales, der indirekte Vertrieb mit Vertriebspartnern und Großhandel sowie die After-Sales-Einheit mit Service und Garantieabwicklung und das sonstige After-Sales-Geschäft. Weitere Formen der Vertriebsorganisation können auch produktorientiert aufgebaut oder nach Vertriebsregionen und -märkten aufgestellt sein. Darüber hinaus können Vertriebsteams auch kundenorientiert nach Produktsegmenten agieren: je Produktsegment beispielsweise mit Splittung für Großkunden und SMB (Small and medium-sized Businesses)-Kunden.

In der Übersicht nach Beck werden die einzelnen Organisationsformen im B2B-Vertrieb deutlich (vgl. Abb. 1.1.)

Nach den daraus abgeleiteten Zielen muss die Organisationsstruktur der Vertriebseinheiten ausgerichtet werden, betont Beck:

> „Die Überprüfung und Anpassung der Organisationsstrukturen sollten auf der Grundlage der Ergebnisse der Markt- und Kundenplanung, der Portfoliostrategie und der definierten Kanäle erfolgen."

Digitale und integrierte Vertriebskanäle im Blick behalten
Neben der verstärkten Kundeninteraktion besonders über digitale Kanäle im B2B-Vertrieb werden synchronisierte Verkaufsstrategien, die zum Beispiel digitale Ver-

Produkt-orientierter Vertrieb	Vertriebsleitung					
	Produktsegment 1			Produktsegment 2		
	Produkt 1.1.	Produkt 1.2.	etc.	Produkt 2.1.	Produkt 2.2	etc.

Geo-grafischer Vertrieb	Vertriebsleitung					
	Europa			Amerika		
	Deutschland	Frankreich	Italien, Spanien	Nord	Süd	Mittel

Funktionaler Vertrieb (Absatzkanäle)	Vertriebsleitung					
	Direktvertrieb		Indirekter Vertrieb		After Sales	
	Key Accounts	Tele-Sales	Vertriebs-partner	Groß-handel	Service	Garantie-abwicklung

Kunden-orientierter Vertrieb	Vertriebsleitung					
	Kundensegment A			Kundensegment B		
	Kunden A1	Kunden A2	etc.	Kunden B1	Kunden B2	etc.

Kombi-nations-formen z.B. Segmente/Produkt	Vertriebsleitung			
	Großkunden		SMB-Kunden	
	Produktsegment 1	Produktsegment 2	Produktsegment 1	Produktsegment 2

Abb. 1.1 Traditionelle Vertriebsorganisationsmodelle, in: Manuel Beck: Vertriebsstrategien transformieren, Wiesbaden 2024, S. 175, © Springer Fachmedien Wiesbaden GmbH

triebswege wie Websites, Social Media und Messenger einbeziehen, immer bedeutsamer. Nicht umsonst gewinnt zum Beispiel Social Selling an Bedeutung, außerdem Online-Marktplätze, die als Multiplikatoren in Sachen Umsatzsteigerung und Reichweite für Vertriebsorganisationen dienen können, etwa über Vertriebspartner.

Checkliste I	Strukturanalyse
1.	Welche Vertriebskanäle ermöglichen die Erreichung der Unternehmensziele?
2.	Welche Kanäle eignen sich am besten, um strategische Märkte und Kunden zu erreichen?
3.	Welche Produkte lassen sich über welche Kanäle am besten verkaufen?
4.	Welche Kanäle erfüllen gesetzliche oder politische Beschränkungen am besten?
5.	Welche Chancen und Risiken bestehen in den verschiedenen Kanälen?
Checkliste II	Ressourcenverteilung und Wertbestimmung
1.	Welche Kanäle verursachen welche Kosten?
2.	Welche Kanäle liefern welchen Beitrag zum Gesamtergebnis?
3.	Welche Wertbeiträge und Kannibalisierungseffekte bringt ein zusätzlicher Vertriebskanal?
4.	Führt eine Umverteilung der Ressourcen zu einem höheren Gesamtergebnis?
Quelle:	Kühnapfel, 2017, S. 227 ff., in: Beck, M.: Vertriebsstrategien transformieren, Wiesbaden 2024, S.135 f.

Abb. 1.2 Checklisten Vertriebskanalstrukturanalyse

Ebenso wichtig ist beispielsweise eine Vertriebskanalstrukturanalyse. Dabei helfen Checklisten, wichtige strategische Punkte inklusive der Ressourcenfrage zu klären (Abb. 1.2).

Transformation in Vertriebsorganisationen wird agiler
Vor allem digitale Kanäle haben einen immer größeren Anteil am Gesamtumfang der B2B-Interaktionen und im B2B-Kaufzyklus, wie Michael J. Scherm im Buch „Agiler Vertrieb mit Scrum" schreibt. Daher spielen sie zum Beispiel innerhalb der Organisation der Vertriebskanäle eine wichtige Rolle. Die Transformationsdynamik in Technologien, Marktumfeld sowie wachsende Kundenanforderungen des B2B-Vertriebs haben aus seiner Sicht allerdings dazu geführt, dass auch Ver-

kaufsaufgaben sowie die Rolle der Vertriebsmitarbeiter und der Vertriebsform selbst sich neu ausrichten müssen, wie Scherm betont. Dies bedeutet nicht nur strategische Anpassungen, etwa bei der in der tabellarischen Übersicht beschriebenen Aufstellung des Vertriebs. Darin steckt auch mehr Flexibilitätsdruck für Verkäufer und ihre Verkaufsaktivitäten.

Scherm bringt es im Buch so auf den Punkt: „Ja, es ist tatsächlich wieder VUCA-Zeit. " (S. 4) Anbieter müssten sich und ihre Vertriebsteams an die plötzlichen Veränderungen der Geschäftsziele und -anforderungen ihrer Kunden anpassen. Vertriebsorganisationen und ihre -einheiten werden dementsprechend ebenfalls agiler gestaltet.

Die Pain Points der Kunden nicht vergessen
Was Markus Kogel, Marketing Manager DACH bei der 2CX GmbH, in einem Blogbeitrag spezifisch für den IT-Vertrieb formuliert, hat auch mit Blick auf die Gestaltung von Vertriebszielgruppen anderer Märkte Gültigkeit. Danach helfen Buyer Personas innerhalb eines ICP (Ideal Customer Profile), in denen beispielsweise

- Pain Points (Schmerzpunkte)
- Entscheidungsprozesse sowie
- Kaufimpulse und Trigger

berücksichtigt werden, Unternehmen dabei, ihre Zielgruppen adäquat anzusprechen. Dies wird jedoch oft vernachlässigt.

Zur Nachverfolgung der enthaltenen Literaturhinweise siehe ▶ *https://go.sn. pub/86wu4d*

„Cyberkriminalität ist heute ein Geschäftsmodell"

2

Eva-Susanne Krah und Alexander Lorber am 22.10.2025
Springerprofessional.de sprach mit Mario Pufahl, Chief Sales Officer bei Digitall und Lutz Jannausch, Head of Business Applications & Security bei Microsoft, über Cyber-Sicherheit im Vertrieb.

springerprofessional.de: Herr Pufahl, Cybersicherheit ist für Unternehmen geschäftskritisch – auch für den Vertrieb?

Mario Pufahl: Unbedingt. Der Vertrieb operiert längst nicht mehr analog, sondern ist daten- und systemgestützt. CRM-Plattformen, Cloud-Tools, mobile Endgeräte – all das schafft Nutzen, aber auch Angriffsflächen. Gerade dort, wo Kundenkontakt, Angebotsdaten und Preisinformationen zusammenkommen, kann ein Sicherheitsvorfall enorme Reputations- und Umsatzschäden verursachen. Vertrieb ohne Cybersicherheit ist heute schlicht nicht mehr zukunftsfähig. Cyberkriminalität ist heute ein Geschäftsmodell.

Herr Jannausch, im Springer-Buch „Cybersecurity für Manager" betonen Sie, dass Unternehmen quasi für ihr gesamtes Arbeitsumfeld, vor allem aber für die Sicherheit von Unternehmensdaten und Systemen eine Strategie haben sollten. Worauf kommt es dabei an?

Lutz Jannausch: Eine Sicherheitsstrategie sollte klar und praktikabel sein, auch für Teams außerhalb der IT. Drei Dinge sind besonders wichtig:

E.-S. Krah, J. Leitherer, *Best of springerprofessional.de 2025: Marketing + Vertrieb*, essentials, https://doi.org/10.1007/978-3-658-50812-8_2

1. Klares Regelwerk und Prozesse: Alle Mitarbeiter müssen wissen, wie mit Daten umzugehen ist und was im Ernstfall zu tun ist. Das ist wie eine Art Notfall-Handbuch.
2. Technische Schutzmaßnahmen: Aktuelle Sicherheitslösungen wie zum Beispiel Microsoft Defender oder Mehr-Faktor-Authentifizierung stellen sicher, dass Angriffe schnell erkannt und gestoppt werden.
3. Awareness und Training: Die beste Technik hilft nichts, wenn Menschen nicht sensibilisiert sind. Regelmäßige Schulungen sind entscheidend, zum Beispiel wie man Phishing-Mails erkennt.

Kurz gesagt: Strategie heißt nicht nur Technik, sondern vor allem auch klare Abläufe und ein Sicherheitsbewusstsein in der ganzen Organisation.

Herr Pufahl, wo sollten Vertriebsunternehmen mit Blick auf die wichtigsten betroffenen Vertriebsprozesse besonders aufmerksam sein?

Mario Pufahl: Kritisch sind vor allem Prozesse mit hoher Datenintensität:, also Leadmanagement, Angebotskalkulation, Vertragsabwicklung und Kundenkommunikation über digitale Kanäle. Auch die zunehmende Automatisierung, etwa durch Marketing Automation, erhöht das Risiko. Wer hier nicht datenschutzkonform und sicher agiert, gefährdet nicht nur die Compliance, sondern auch das Kundenvertrauen.

Herr Jannausch, welche Chancen und Möglichkeiten sehen Sie als Microsoft-Spezialist künftig für Anwendungen der Künstlichen Intelligenz im Umfeld des Vertriebs?

Lutz Jannausch: Man kann es so sagen: Wir bewegen uns vom Werkzeug hin zum echten Mit-Verkäufer. Vor einiger Zeit hat KI vielleicht E-Mails schöner formuliert. Heute priorisiert sie Accounts, schreibt Angebote, unterstützt Preisgespräche (natürlich mit klaren Leitplanken) und pflegt ganz nebenbei das CRM. Der eigentliche Hebel liegt nicht in KI-Spielereien, sondern in Ende-zu-Ende-Workflows, die Umsatzwachstum und Vertriebsproduktivität gleichzeitig steigern.

Was bedeutet das konkret für die Vertriebspraxis?
Hier einige Beispiele: Mehr Umsatz pro Kontakt durch Präzision statt Gießkanne: KI erkennt Kaufsignale, bildet Micro-Segmente, priorisiert Leads und schlägt die „Next Best Action" vor, von der personalisierten Mail bis zur passenden Demo.

Das Ergebnis ist höhere Conversion bei weniger Streuverlust. Außerdem verbringen Verkäufer mehr Zeit im Kundengespräch und weniger mit Administration durch automatische Briefings vor Terminen, CRM-Pflege im Hintergrund oder RFP-Antworten, die vorformuliert bereitstehen. Und durch intelligentes Pricing und Forecasting statt Bauchgefühl sorgt KI für datenbasierte Preisgestaltung, realistische Forecasts und eine saubere Pipeline. So greifen Marketing, Sales und Customer Success viel enger ineinander.

Außerdem ist Skalierung Chefsache: Wenn KI direkt an Kern-KPIs wie Umsatz, Win-Rate oder Sales-Cycle gekoppelt wird und Budgets entsprechend neu priorisiert werden. Agentic AI ist der nächste Schritt: KI-Agenten übernehmen künftig ganze Aufgabenketten: Sie erstellen Musterangebote, holen Freigaben ein oder buchen Meetings. Immer unter menschlicher Kontrolle und klaren Leitplanken. Der Vorteil bei Plattformen wie Microsoft: Diese Agenten arbeiten direkt in der vertrauten Umgebung von Microsoft 365, Teams und Dynamics 365. Sicherheit, Compliance und Governance sind dabei von Anfang an integriert. So bleibt die Kontrolle beim Unternehmen und KI wird zum echten Teammitglied, nicht zum Risiko.

KI ist also längst nicht mehr nur ein Hilfswerkzeug, sondern entwickelt sich zum Mitspieler im Vertriebsteam. Wer sie konsequent in echte Arbeitsabläufe integriert, gewinnt mehr Umsatz, mehr Produktivität und bleibt gleichzeitig sicher unterwegs.

Herr Pufahl, welche Angriffsmethoden halten Sie aktuell für besonders gefährlich, sowohl für Großunternehmen als auch Mittelständler?

Mario Pufahl: Besonders perfide sind derzeit Social Engineering und CEO-Fraud – sie setzen nicht auf Technik, sondern auf Psychologie. Phishing-Angriffe werden zudem zunehmend mit AI personalisiert und täuschend echt. Im Hintergrund wirken Ransomware-Gruppen professionell organisiert. Auch das Ausnutzen schwach abgesicherter Cloud-Zugänge ist ein wiederkehrender Angriffsvektor – über alle Unternehmensgrößen hinweg.

Und welche Maßnahmen sollten Vertriebsmanager speziell im Blick behalten, um für kritische Cybersicherheitssituationen gerüstet zu sein?

Mario Pufahl: Awareness-Trainings zur Abwehr von Cyber-Risiken und Phishing, kontrollierter Zugriff auf CRM und mobile Daten, Zwei-Faktor-Authentifizierung sind die Grundpfeiler. Wichtig sind auch eine durchdachte Datenstrategie und eine enge Zusammenarbeit mit IT und Datenschutz. Sicherheit muss Teil der Vertriebskultur werden – insbesondere im Vertriebsmanagement.

Herr Jannausch, inwieweit beeinflusst die zunehmende Nutzung von Cloud-Services das Thema Cyber-Sicherheit für die Anwender?

Lutz Jannausch: Die zunehmende Nutzung von Cloud-Services verändert Cyber-sicherheit grundlegend. Einerseits profitieren Anwender von modernsten Schutzmechanismen, etwa automatisierter Bedrohungserkennung, globalen Threat-Intelligence-Daten und integrierten Compliance-Frameworks. Diese Funktionen laufen im Hintergrund und machen Sicherheit im Alltag oft einfacher und zuverlässiger als im klassischen Rechenzentrum. Andererseits steigt die Angriffsfläche: Fehlkonfigurationen, Schatten-IT oder ein komplexes Identitätsmanagement gehören heute zu den größten Risiken. Für Anwender heißt das: Sicherheit wird sichtbarer und zur eigenen Aufgabe. Mehrfaktor-Authentifizierung, starke Passwörter und ein bewusster Umgang mit Datenfreigaben sind Pflicht.

Die gute Nachricht ist, dass Cloud-Dienste wie zum Beispiel Microsoft 365 Schutzmechanismen direkt mitbringen. Dazu gehören automatische Updates, globale Bedrohungsdaten und Abwehr in Echtzeit. Anwender merken davon oft gar nichts, weil vieles im Hintergrund passiert. Wer einfache Grundregeln einhält und Zero Trust lebt, also jedem Zugriff misstraut, bis er geprüft ist, arbeitet in der Cloud nicht nur flexibler, sondern meist auch sicherer als früher im Firmennetz.

Zur Nachverfolgung der enthaltenen Literaturhinweise siehe ▶ *https://go.sn.pub/w4me7m*

B2B-Kunden favorisieren digitale Kanäle

Eva-Susanne Krah am 15.10.2025
B2B-Käufer setzen immer stärker auf digitale Kanäle und wickeln bereits mehr als 50 % ihrer Orders per E-Commerce ab. Das untermauern Zahlen einer Studie. Vertriebsorganisationen sollten sich auf den digitalen Push einstellen.

Die digitale Transformation greift im B2B-Vertrieb immer stärker um sich. Zahlen einer Studie von Sellers Commerce zeigen zum Beispiel, dass 64 % der Käufer inzwischen digitale Self-Service-Kanäle gegenüber klassischen Vertriebswegen vorziehen. Und 80 % der B2B-Käufer wollen online einkaufen können, entweder für die gesamte oder einen Teil der Customer Journey. Laut der Studie interagieren B2B-Käufer inzwischen auf mehr als zehn verschiedenen Vertriebs- und Kommunikationskanälen mit Anbietern. Das ist doppelt so viel wie noch vor wenigen Jahren. Befördert wird dieser Trend von Unternehmen aus Industrien wie Fertigung, Energie, Gesundheitswesen und Business Services – sie digitalisieren ihre Beschaffung im Rekordtempo, wie es in einem Statistik-Blogbeitrag von Thunderbit heißt. Abb. 3.1 zeigt einen Überblick zur Entwicklung im B2B-Sektor.

Sales goes mobile

Auch die Erfahrung der Kunden im B2B-Bereich nimmt zu: 80 % nutzen mobile Endgeräte im Kaufprozess. Das bedeutet steigende Ansprüche an Anbieter. Hersteller müssen daher die Nutzerfreundlichkeit ihrer Angebote und die Kaufprozesse „mobile friendly" gestalten. Dieser Ansatz lohnt sich:

E.-S. Krah, J. Leitherer, *Best of springerprofessional.de 2025: Marketing + Vertrieb*, essentials, https://doi.org/10.1007/978-3-658-50812-8_3

Abb. 3.1 Moderne B2B-Käufer bevorzugen für ihre Kauftransaktionen zunehmend digitale Kanäle statt dem traditionellen Vertriebsweg. © sellerscommerce/pros.ai, Grafik-Inhalte: KI-gestützt übersetzt aus der englischen Sprache

- 90 % der B2B-Kunden mit einem positiven mobilen Nutzerlebnis kaufen laut Ergebnissen der Studie erneut und
- zwei Drittel der B2B-Käufer sind zum Beispiel bereit, über 50.000 Dollar online auszugeben, ohne je mit einem Verkäufer zu sprechen.

Eine weitere Tatsache ist entscheidend für die Einstellung auf moderne B2B-Käufer: So erstellen laut Zahlen von Corporate Visions zum Beispiel

- 80 bis 90 % der Käufer eine Favoritenliste zu interessanten Anbietern,
- 78 % prüfen zum Ende jedoch nur noch drei Anbieter (G2) und ein bis drei Produkte (Wynter) intensiv, bevor sie in den Kaufprozess eintreten;
- 97 % der Käufer überprüfen die Anbieter-Website, bevor sie bestellen (6Sense).

Chancen digitaler Vertriebskanäle ausschöpfen

Die Springer-Autorinnen Juliane Waack und Sabine Kirchem von Ec4U (heute Digitall Nature) in Karlsruhe betonen in ihrem Sales-Excellence-Beitrag „Die Chancen der digitalen Vertriebskanäle nutzen" (Ausgabe 6/2019) den Impact der Transformation hin zu digitalen Vertriebskanälen für den B2B-Vertrieb: „Digitale Kanäle ermöglichen nicht nur den Kollegen vom Marketing Zugänge zu neuen und bestehenden Kundengruppen. Auch der Vertrieb kann von Innovationen profitieren, die durch den Einsatz von Künstlicher Intelligenz, Predictive Analytics oder sprachlichen und visuellen Neuerungen eine ganz neue Art von Kundenbeziehung generieren können." Die Autorinnen sind überdies überzeugt, dass gerade die digitalen Varianten des Vertriebs mehr Möglichkeiten bieten, um „viel persönlicher auf Kunden zuzugehen und ihre Bedürfnisse zu identifizieren und anzusprechen", etwa durch Kommunikationstools wie Chatbots und eine Live-Chat-Verknüpfung.

Pavlos Tsulfaidis formuliert es im Kapitel „Die digitale Transformation im Mittelstand" des Springer-Buchs „Die Mittelstandstransformation" von Andreas Kohne und Dan Bauer deutlich im Hinblick auf die Vorteile im Kundenkontakt, die für Unternehmen den digitalen Druck, aber auch den Switch im Kundenverhalten ausmachen:

> Das Kundenerlebnis umfasst alle Interaktionen vom Erstkontakt bis zum After-Sales-Service. Digitale Lösungen wie Chatbots, maßgeschneiderte Apps und soziale Medien verbessern die Interaktion mit den Kunden, indem sie einen schnellen und bequemen Zugang zu Informationen und Unterstützung bieten.

Neue Entscheidungskanäle, neue Chancen

Die Folge der Entwicklung ist, dass die (neuen) digitalen Entscheidungswege der Kunden die Customer Journey massiv verändern – und damit die Prozesse bis zum Kauf. Vertriebsteams bieten sie aber gleichzeitig Möglichkeiten, neue Tools zu nutzen und Verkaufstrigger auf der digitalen Strecke zu setzen. Sie bedeuten aber auch, dafür den Weg der digitalen Transformation voll mitzugehen. Das schließt zum Beispiel KI-Unterstützung im E-Commerce entlang der Customer Journey ein.

Mobile Produktsuche entlang der Kundenreise

Ein Beispiel geben die Autoren Mark Harwardt und Maximilian Köhler in ihrem essential „Künstliche Intelligenz entlang der Customer Journey": So könnten mithilfe einer digitalen Objekterkennung Unternehmen ihren Nutzern beispielsweise die Suche nach einem Produkt vereinfachen. Im B2C-Bereich agiere so schon der Marktplatzriese Zalando in seiner App. Die eingesetzte KI-Anwendung kann auf den Kundenfotos ähnliche Produkte im Sortiment anhand des Musters und der Farbe erkennen und diese innerhalb der Kundensuche zum Kauf anbieten.

Auch zur Datenanalyse ist der Einsatz der KI-Helfer im Sales-Bereich interessant, etwa für Vorhersagen: Mithilfe Künstlicher Intelligenz können laut den Autoren umfangreiche Datenpunkte berücksichtigt werden: „Hierzu gehören sowohl historische als auch Echt-Zeitdaten, interne wie externe Daten, ökonomische wie umweltbezogene Daten, unternehmensindividuelle wie auch mikro- und makroökonomische Datenpunkte (Abverkaufszahlen, Lagerdaten, Preise, Wetter, Feiertagskonstellation, Preise der Mitbewerber etc.)", beschreiben Harwardt/Köhler. Dadurch lasse sich eine erheblich breitere Datenmenge für bessere Prognosen nutzen.

Zur Nachverfolgung der enthaltenen Literaturhinweise siehe ▶ *https://go.sn.pub/jp3fno*

Mit KI an der Kostenschraube drehen

Eva-Susanne Krah am 6.10.2025
**Der Kosten- und Margendruck verstärkt sich gerade in vielen vertriebs-
intensiven Branchen. In der Konsumgüterindustrie wird mit KI Optimierungs-
potenzial in Marketing und Vertrieb angepeilt, wie eine Studie ergibt.**

Hersteller aus der Konsumgüterindustrie stecken in einem anspruchsvollen lau-
fenden Geschäftsjahr, wie die Studie „Management Priorities in Consumer Goods
2025" der Unternehmensberatung Horváth zeigt. Danach erwarten die in Tiefen-
interviews persönlich befragten 100 Vorstands- und Geschäftsführungsmitglieder
(im Rahmen der Studie „CxO Priorities" mit mehr als 1000 Topmanagern und Top-
managerinnen) großer deutscher Hersteller im Durchschnitt eine um elf Prozent
niedrigere EBIT-Marge als noch 2024. Das ist dem anhaltend hohen Margendruck
geschuldet.

Der Situation begegnen viele Unternehmen teils mit Preisanpassungen, denn
„Unternehmen mit einer optimierten Produktions- und Kostenstruktur, die zudem
flexibel auf Marktveränderungen reagieren können, haben in der aktuellen Markt-
lage die besten Chancen", erklärt Altfrid Neugebauer, Partner und Konsumgüter-
Experte bei Horváth.

AI als Effizienz- und Kostenhebel

Abgesehen von globalen Produktions- und Personalverschiebungen hin zu Ressourcen beispielsweise in Asien, Osteuropa und Indien und einem entsprechenden
Abbau in Deutschland sowie in West- und Südeuropa werfen die Konsumgüter-
produzenten vor allem ein Auge auf den Einsatz Künstlicher Intelligenz. Durch den
zunehmenden Rückgriff auf KI-Anwendungen erwarten sie zum Beispiel im Be-

E.-S. Krah, J. Leitherer, *Best of springerprofessional.de 2025: Marketing +
Vertrieb*, essentials, https://doi.org/10.1007/978-3-658-50812-8_4

reich Marketing und Vertrieb Effizienzsteigerungen um 17 % in den kommenden drei Jahren. Das bedeutet aus Sicht der Horváth-Experten, dass „hier jede sechste Stelle obsolet wird".

Gleiches gilt für die Kosten: Hier wird nach Ergebnissen der Studie mit Einsparungen von elf Prozent gerechnet. Durch Künstliche Intelligenz würden zum Beispiel Werbemaßnahmen deutlich günstiger und sowohl die Kundenkommunikation als auch interne Prozesse effizienter.

Social-Media-Vertriebskanäle stehen stärker im Fokus
Im Konzert der Vertriebskanäle setzen Konsumgüterhersteller stärker auf den den Verkauf über digitale Netzwerke und Plattformen wie TikTok und Instagram: 70 % wollen ihre Markenprodukte verstärkt über diesen Weg vertreiben, entweder

- über eigene Kanäle,
- Handelsplattformen oder
- Influencer-Kooperationen.

Unternehmen müssen dabei der digitalen Customer Journey von Gen-Y- und Gen-Z-B2B-Kunden und den komplexen Prozessen Rechnung tragen. Springer-Autor Manfred Bruhn führt im Kapitel „Entscheidungen der Vertriebspolitik" seines Buchs „Marketing" einen Grund für die verstärkte Hinwendung zum Online-Vertrieb wie Shops und digitalen Plattformstrategien an (Seite 249): „Beim Einsatz von Online-Vertriebssystemen lassen sich im Vergleich zum orts-, und zeitgebundenen stationären Vertrieb erhebliche Kosten- und Nutzenvorteile realisieren."

Frank Hussendörfer und Severine Thiel betonen zudem im Sales-Excellence-Beitrag (Ausgabe 3/2024) „erfolgreiche digitale Strategien für Sales-driven Companies", dass „bereits ganz zu Beginn der Customer Journey, also in den Online-Kanälen", die konsequente Vertriebsorientierung in der Kommunikation beginnt. Schon in diesen frühen Phasen des Entscheidungsprozesses würden Kunden überzeugend abgeholt. Dazu bedarf es „einer neuen Aufteilung bei gleichzeitig enger Zusammenarbeit zwischen den Sales- und Marketingteams. Der Vertrieb steuert über den gesamten Sales-Funnel seine Expertise und sein Kundenwissen bei, während das Marketing die Botschaften schärft, die passenden Online-Kanäle bedient und auswertet", so die Autoren.

Nachhaltigkeit nicht mehr im Vordergrund
Ins Hintertreffen geraten ist laut den Studienergebnissen von Horváth allerdings der Nachhaltigkeitstrend: Zwar stehen zwei Drittel der Unternehmen weiterhin

zum Net-Zero-Ziel und ein Sechstel hat dieses auch bereits erreicht. Doch jedes dritte Unternehmen des Sektors hat die Aufgabenpriorität bereits nach hinten verschoben oder denkt darüber nach. Ein Grund ist wohl auch, dass 58 % der befragten Unternehmensverantwortlichen eine stark gesunkene Zahlungsbereitschaft der Verbraucher für nachhaltige Produkte beobachten.

Unter dem Strich machen die Ergebnisse der Studie deutlich, dass vor allem

- Kostenoptimierung,
- Digitalisierung und KI,
- optimierte Produktionsstrukturen und Supply Chain sowie als neu hinzugekommene Priorität
- Forschung und Entwicklung

auf der Agenda der Entscheider in Konsumgüterunternehmen weit oben stehen.

Zur Nachverfolgung der enthaltenen Literaturhinweise siehe ▶ *https://go.sn. pub/qi51k9*

Welche Vertriebskompetenzen morgen zählen

5

Eva-Susanne Krah am 2.10.2025
Seit die Digitalisierung das Tempo für Vertriebsabteilungen in Unternehmen erhöht, werden Forderungen nach neuen Skills der Vertriebsmitarbeiter lauter. Doch es kommt weiterhin vor allem auf drei Schlüsselfähigkeiten an.

Künstliche Intelligenz, mehr Automatisierung, schnellere Verkaufszyklen und selbstbewusstere, stärker eigenorganisierte Kunden – diese Trends im der B2B-Vertriebsumfeld sind nicht mehr wegzudiskutieren. „Die Vertriebslandschaft befindet sich in einem tiefgreifenden Wandel, getrieben durch das unerbittliche Tempo des technologischen Fortschritts, sich ändernde Kundenerwartungen und die ständig steigenden Anforderungen eines globalisierten Marktes", stellen auch die Springer-Autoren Kai Reinhardt, Mareike Feseker und Paula Mareike Albrecht in ihrem gemeinsamen Buch „Zukunftskompetenzen im Vertrieb" fest. Daraus resultieren auch neue Anforderungen unter anderem für Vertriebsführungskräfte.

Dies wird durch Ergebnisse der „HR-Kompetenzstudie 2025" des Deutschen Instituts für Vertriebskompetenz untermauert, für die 160 Personalverantwortliche aus mittelständischen Unternehmen befragt wurden.

Darin zeigt sich: Die Erwartungen an Führungskräfte steigen. Neben fachlicher Kompetenz rücken etwa Coaching-Fähigkeit, Veränderungsbereitschaft und Kommunikation ins Zentrum. Hier sehen 56,7 % der Befragten eine sehr hohe Notwendigkeit, Führungskräfte gezielt weiterzuentwickeln, so Erkenntnisse aus der Studie. Gleichzeitig sind 86,7 % überzeugt, dass in den nächsten drei bis fünf Jahren völlig neue Kompetenzen gefragt sein werden, darunter beispielsweise digitale Souveränität, Selbstführung und die Fähigkeit, in hybriden Arbeitswelten Orientierung zu geben.

E.-S. Krah, J. Leitherer, *Best of springerprofessional.de 2025: Marketing + Vertrieb*, essentials, https://doi.org/10.1007/978-3-658-50812-8_5

Ausrichtung auf den Kunden hin

Die zentrale Frage, die viele Unternehmen beschäftigt, wenn sie sich im gerade eingeläuteten heißen Vertriebsherbst auf die Anforderungen ihrer Kunden hin ausrichten, ist: Was bedeutet das für die künftigen Fähigkeiten der Vertriebsteams und der Vertriebsführungskräfte? Das Autorenteam um Kai Reinhardt gibt im Kapitel „Mehr als nur Verkauf: Zwölf essenzielle Kompetenzen für eine erfolgreiche Vertriebszukunft" Antworten darauf. Im Mittelpunkt stehen für sie zum Beispiel diese fünf Kernkompetenzen für Vertriebsteams und -entscheider:

- Kundenverständnis
- Kompetenz in der Kundenorientierung und in verschiedenen Vertriebsrollen
- Transformation hin zu aktiven Kundenstrategien
- Richtige Architektur für erfolgreiche und langfristige Kundenbeziehungen
- Affinität für digitale Technologien, etwa für die Kundeninteraktion in der digitalen Ära.

Diese zentralen Schlüsselfähigkeiten werden jeweils mit Checklisten für vertriebsführende Manager in ihren verschiedenen Rollen hinterlegt, vom Kundenservicemanager bis zum Pricing-Spezialisten.

Kundenzentrierung und unbedingte Kundenorientierung im Fokus

Das Spannende daran: Es wird deutlich, dass es auch im veränderten Vertriebsumfeld der Zukunft unter teils neuen wirtschaftlichen Rahmenbedingungen für Vertriebsentscheider vor allem darum geht:

- unbedingte Kundenorientierung und
- unbedingte Kundenzentrierung über alle Ebenen der Vertriebsorganisation hinweg sowie
- mehr langfristiges Partnermanagement als Verkaufsmanagement, um die Wertschöpfung zu erhöhen.

Diese Relations- und Account-Management-Fähigkeiten gelten vor allem im Bestandskundenmanagement und bedeuten laut den Autoren:

Sich gründlich mit den Bedürfnissen und Erwartungen der Kunden vertraut machen, um maßgeschneiderte Lösungen anbieten zu können."

Im strategischen Sales-Kontext bringt Info Poggensee, Autor des Springer-Buchs „Verkaufen", in Abb. 5.1 wesentliche Faktoren bei Vertriebskompetenzen auf den Punkt.

Abb. 5.1 Zentrale Kompetenzen im Cluster Strategic Sales der Zukunft. Aus: Poggensee, I.: Verkaufen!, Springer Fachmedien Wiesbaden 2017, S. 28

Der Blick auf künftige Skills im Vertriebsmanagement zeigt, dass daher Investitionen in die Entwicklung der Kompetenzen von Vertriebsteams auf vielen verschiedenen Ebenen und für verschiedene, sich verändernde Vertriebsrollen immens wichtig sind. Denn: Nur sie „gewährleisten Unternehmen, dass ihre Teams fähig sind, Lösungen speziell für Kundenbedürfnisse zu erstellen", betonen Reinhardt/Feseker/Albrecht im Kapitel „Auf Spurensuche nach neuen Vertriebskompet enzen." Dies führe zu höherer Kundenzufriedenheit und -bindung, was wiederum den Unternehmenserfolg steigere.

Kernkompetenzen des Vertriebs
Womit wir wieder bei den drei Kernkompetenzen wären, die trotz KI, Digitalisierung und einem branchenübergreifend höherem Tempo in der Vertriebswelt für Vertriebsmacher auch weiterhin entscheidend sein dürften, um mit Kunden zu wachsen: Kundenorientierung, Kundenzentrierung und ein tiefes Verständnis von Kundenbedürfnissen – nach wie vor der beste Weg zu mehr Umsatz.

Zur Nachverfolgung der enthaltenen Literaturhinweise siehe ▶ *https://go.sn. pub/vt1dh2*

Vertrieb wird langsamer, Win-Rates sinken

Eva-Susanne Krah am 22.09.2025
Der Vertrieb kämpft mit längeren Verkaufszyklen und sinkenden Abschlussraten. Welche Transformation im Gange ist, zeigen Ergebnisse einer Studie aus dem KI-Umfeld.

Die Vertriebsbedingungen für Unternehmen werden komplexer und der Erfolgsdruck wächst. Dies ist nicht nur auf die angespannte Konjunkturlage zurückzuführen, sondern auch auf Einflüsse aus der digitalen Transformation und kleiner werdenden Verkaufsteams. KI kann ein Hebel sein, um beispielsweise die Effizienz in der Kundenkommunikation oder das Tempo in Verkaufszyklen und damit die Abschlussraten zu verbessern.

Zahlen aus einer Untersuchung des Sales-Execution-Plattformanbieters Outreach Insights Group bei Sales- und Revenue-Organisationen ergeben, dass 34 % der Unternehmen durchschnittliche Verkaufszyklen von ein bis zwei Quartalen verzeichnen – das ist der häufigste Wert. Dass Verkaufszyklen länger werden, ist nach Einschätzungen der Marktforscher inzwischen die Norm, nicht mehr die Ausnahme. Sie können aus ihrer Sicht jedoch zum „silent killer" für Vertriebsteams werden. Die Analyse basiert auf Millionen von Käufer-Verkäufer-Interaktionen, Verkaufsabschlüssen, Umsatz-Workflows und Markttrends.

Abschlussraten unter Druck

Die sogenannte Win-Rate, also die Rate der Verkaufschancen des Vertriebs, die zu Abschlüssen geführt haben, ist hingegen im Vergleich zu 2024 gesunken: Der häufigste Bereich liegt nun bei 21 bis 25 %, im Vergleich zu 31 bis 40 % im vergangenen Jahr 2024. Das verdeutlichen Ergebnisse aus dem „Sales 2025 Re-

E.-S. Krah, J. Leitherer, *Best of springerprofessional.de 2025: Marketing + Vertrieb*, essentials, https://doi.org/10.1007/978-3-658-50812-8_6

port" von Outreach. Hingegen haben Deals, die innerhalb von 50 Tagen abgeschlossen werden, eine Win-Rate von 47 % im Vergleich zu 20 % oder weniger nach dieser Schwelle – doppelt so hoch wie der Marktdurchschnitt.

KI macht Tempo und steigert die Vertriebseffizienz

Anwendungen der Künstlichen Intelligenz können die Erfolgsraten im Vertrieb erhöhen, wie Beispiele im Report zeigen. So könnten KI-Coaching-Assistenten wie etwa Kaia die Verkaufszyklen im Durchschnitt um elf Tage verkürzen. KI-Assistenten dieses Typs unterstützen Vertriebsteams in ihren Kompetenzen, zum Beispiel in Echtzeit bei

- Calls,
- Follow-ups im Kundenmanagement oder
- Abschlussstrategien.

Bei KI-gestützten Vertriebsassistenten berichten laut Outreach-Report alle Nutzer von einer Zeitersparnis, und 73 % von ihnen sparen vier bis zwölf Stunden pro Woche an Arbeitszeit ein. Abb. 6.1 auf Basis der Analyse-Daten zeigt einige Ergebnisse zu Winrates, Zeitersparnis und Verkaufszyklen im Überblick.

Mario Pufahl und Florian Dimmig, Autoren des Springer-Buchs „Intelligenter Arbeitsplatz im Vertrieb" erklären, dass eine nachhaltige und konsequente Effizienzentwicklung im Vertrieb wesentlich ist, um Exzellenz im Verkauf zu erreichen. Dabei steht mehr Zeit für den Kunden im Vordergrund. Die fachlichen Anforderungen an die Vertriebssteuerung hätten sich in den vergangenen Jahren deutlich erweitert. Der Fokus hat sich aus ihrer Sicht daher „stark auf die User Experience und die Unterstützung der Vertriebsmitarbeiter mittels KI-Assistenten verlagert, um eine operative Vertriebssteuerung im Alltag zu ermöglichen", so die Autoren im Buch.

Die Vertriebsexperten unterscheiden drei Säulen der Veränderung im Vertrieb:

- Bei Vertriebssteuerungssystemen geht der Trend klar hin zu KI-unterstützten Systemen.
- Vertriebsmitarbeiter im B2B-Vertrieb sollen durch moderne IT-Plattform-Lösungen bestmöglich in ihrer täglichen Arbeit unterstützt werden, um die Effizienz zu steigern, Abschlussquoten zu erhöhen und die Vertriebsaktivitäten komprimiert auf Schlüsselkunden mit hohem Potenzial zu konzentrieren.
- KI soll Verkaufsteams bestmöglich unterstützen, damit diese schnell und zielgerichtet agieren und gleichzeitig die größtmögliche Effizienz erreichen können.

Abb. 6.1 Längere Verkaufszyklen und sinkende Abschlussraten stellen Vertriebsorganisationen vor Probleme. Springer Fachmedien Wiesbaden GmbH, Grafik KI-generiert, Datenquelle: Outreach 2025

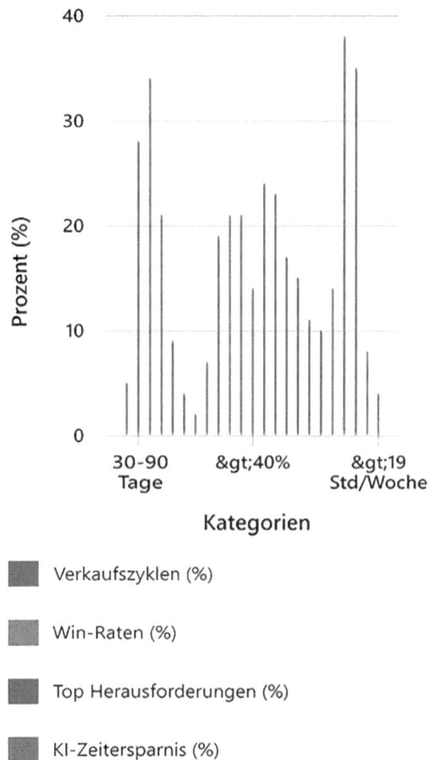

Dafür braucht es nach Meinung der Springer-Autoren Pufahl und Dimmig den persönlichen „intelligenten Vertriebsarbeitsplatz". Das Idealbild: Er ist mobil verfügbar und mit maßgeschneiderten, verdichteten Informationen und KPIs versorgt, sollen Vertriebsmitarbeiter in die Lage versetzt werden, alle wesentlichen Informationen effektiv vorzufinden und nutzen zu können, am besten KI-gestützt. KI-Assistenten und Cloudlösungen sind dabei die Effizienzwerkzeuge. Die Anforderungen und das „intelligente" Umfeld für die moderne Vertriebsarbeit formulieren beide Experten so:

„Intelligenter, digitaler Arbeitsplatz für den Vertriebsmitarbeiter und das Vertriebsmanagement, der die Vertriebsaktivitäten jederzeit auf jedem Gerät in Echtzeit unterstützt und kontinuierlich optimiert."

Schlankere Teams, bessere Tools

Diese Sichtweise und Entwicklung unterstützen weitere Erkenntnisse aus der Studie von Outreach: Vertriebsteams werden schlanker, während Tools konsolidiert werden. Teams lernten, wie sie mit kleineren Vertriebsmannschaften eine Pipeline aufbauen können und wendeten sich effizienten, einheitlichen Plattformen zu, die ihre Arbeitsabläufe konsolidieren, heißt es. Laut der Studie verwenden bereits 45 % der Teams zum Beispiel ein hybrides KI-SDR-Modell.

Mehr „Sales Intelligence" fordert der Sales-Excellence-Autor und Interim Management-Experte Eckhart Hilgenstock im Beitrag „Erfolgreicher werden mit mehr Sales Intelligence" (Sales-Excellence-Ausgabe 7–8/2025) ein: Im Laufe des Jahres 2025 werde „das Gros der Unternehmen KI im Vertrieb einführen, sofern noch nicht geschehen", prognostiziert er. Doch damit Unternehmen innerhalb ihrer Vertriebsorganisation wirklich salesintelligenter werden könnten, müssten

- die Prozessunterstützung und vor allem
- das Mindset der Betroffenen

folgen und auf die neue Entwicklung ausgerichtet sein. „Firmen, die diese Entwicklung versäumen, werden zurückfallen", wird Hilgenstock deutlich.

Marco Barenkamp führt im Springer-Buchkapitel „Erfolgsfaktoren und Praxisbeispiele der Wertschöpfung durch KI" an: Indem sie KI erfolgreich integrierten, hätten Unternehmen nicht nur die Möglichkeit, effizienter zu werden, sondern könnten auch völlig neue Geschäftsmodelle entwickeln, die dazu führen, ihren Umsatz und Marktanteil deutlich zu erhöhen.

Stärkere Personalisierung wirkt

Auch bei Vertriebsmaßnahmen im Kundenkontakt wirken Veränderungen: So erreichen stärker personalisierte E-Mails im Vertrieb zum Beispiel um zehn Prozent höhere Öffnungsraten und generieren zweimal höhere Antwortquoten, so weitere Studienfakten. KI reduziert hier wiederum die Vorbereitungszeit von 20 auf zwei Minuten, ohne Qualitätsverlust, wie die Outreach-Experten in ihrem Report feststellen. Personalisierte Tokens, Kontext aus einem Anruf oder Details aus einem kürzlichen News-Anlass sind die Trümpfe, die hierfür vom Vertrieb ausgespielt werden können. Hier kann KI ins Spiel kommen und die Erfolgschancen im Kundenkontakt erhöhen, wenn zum Beispiel Revenue Agents eingesetzt werden. Diese unterstützen Verkäufer dabei, relevante Inhalte zusammenzustellen und den inhaltlichen Rahmen zu setzen, während Verkäufer den Ton, weitere Insights oder den Aufhänger ergänzen. So können Mails ohne Qualitätsverluste höhere Chancen bei B2B-Kunden bekommen, in ein Kundengespräch zu münden.

Lead-Qualifizierung als Top-Herausforderung
Als Herausforderungen im Jahr 2025 identifizieren die Studienherausgeber

- Lead-Qualifizierung (24 %): Viele Verkäufer haben Schwierigkeiten, herauszufinden, welche Leads wirklich weiterverfolgt werden sollten.
- Opportunity-Management (23 %): Noch im Vorjahr stand das Opportunity-Management an erster Stelle.
- Abschluss (17 %) und die
- Tech-/KI-Adoption (15 %).

Beim Blick auf die Anforderungen für 2026 wird klar, was den Vertrieb treiben wird: Der Übergang von der KI-Unterstützung zur KI-Orchestrierung bei Vertriebsaufgaben, vollautomatisierte Workflows, Echtzeit-Coaching durch Systeme der Künstliche Intelligenz, zum Beispiel in Form unterschiedlicher KI-Agenten-Typen und intelligente, vernetzte Revenue-Systeme sind wichtige Eckpfeiler, die die Studie hervorbringt. Die Transformation im B2B-Vertrieb geht also weiter.

Zur Nachverfolgung der enthaltenen Literaturhinweise siehe ▶ *https://go.sn. pub/txiojn*

„Leistungsträger im Vertrieb wollen kein Wohlfühlumfeld, sondern die Chance auf Erfolg"

Eva-Susanne Krah am 14.08.2025
Die Anforderungen im Vertriebsrecruiting sind mit den komplexeren Aufgaben des Vertriebs gleichsam gewachsen. Springer-Buchautor Lorenz Schlotter erklärt im Interview mit Springer Professional, wo die Knackpunkte liegen.

Springer Professional: Herr Schlotter, der derzeitige Fachkräftemangel bremst auch viele Unternehmen im Vertriebssektor aus. Gute Vertriebsexperten sind rar gesät und haben zudem oft anspruchsvolle (Vergütungs)vorstellungen. Wie können Unternehmen es schaffen, einerseits die richtigen Erwartungen zu wecken und andererseits die Kandidaten zu finden, die wirklich in das Unternehmensportfolio passen?

Lorenz Schlotter: Erwartungen lassen sich am einfachsten durch eine transparente Kommunikation der Vergütung moderieren. Ich empfehle, zumindest eine Range und den „Split" aus Fixum und variablem Anteil bei der Ausschreibung anzugeben. Das erleichtert den Kandidaten die Auswahl und spart im Recruiting eine Menge Zeit.

Um die richtigen Kandidaten zu finden, ist es wichtig zu verstehen, wo die Konkurrenz am Markt hoch und niedrig ist. Die meisten Unternehmen stürzen sich auf die 30- bis 40-jährigen Kandidaten. Das erscheint zunächst plausibel – die Zielgruppe hat häufig den Wunsch, sich etwas zu beweisen und Leistungsdruck durch Kinder und Hauskredite. Deshalb, und weil der Vertrieb eine alternde Berufsgruppe ist, ist die Konkurrenz um diese Zielgruppe besonders hoch.

Vertriebler über 45 Jahre sind hingegen oft loyaler, günstiger und schneller produktiv. Aber kaum ein Unternehmen sucht dort. Mein Rat ist: Statt nur auf die heiß

E.-S. Krah, J. Leitherer, *Best of springerprofessional.de 2025: Marketing + Vertrieb*, essentials, https://doi.org/10.1007/978-3-658-50812-8_7

umkämpfte 30- bis 40er-Zielgruppe im Vertrieb zu setzen, sollten Unternehmen gezielt angrenzende Branchen mit niedrigeren Gehaltsstrukturen analysieren und Angebote für leistungsstarke Vertriebler 45+ mit Wechselbereitschaft und Erfahrung bauen.

Sie empfehlen in Ihrem neuen Springer-Buch vier Bausteine, um Leistungsträger im Vertrieb zu finden und Voraussetzungen an ein gewünschtes Jobprofil zielführend zu erstellen. Welche sind das kurzgefasst?

Lorenz Schlotter: Leistungsträger im Vertrieb wollen kein Wohlfühlumfeld, sondern die Chance auf Erfolg. Dieses tiefe Bedürfnis sprechen die vier Bausteine gezielt an. Das sind erstens der Wunsch nach einer anspruchsvollen Herausforderung, zweitens der Wunsch, in einem Umfeld zu arbeiten, das Leistung ermöglicht und nicht verhindert. Drittens eine glasklare Definition von Zielvorgaben, die plausibel und realistisch sind. Viertens die Möglichkeit, sich sowohl fachlich als auch finanziell entwickeln zu können.

Welche Skills im Vertrieb sind heute aus Ihrer Sicht mehr gefragt als früher, die eine Kandidatensuche eventuell auch erschweren?

Lorenz Schlotter: Vertriebsexperten müssen heute deutlich mehr Beratungskompetenzen aufweisen als früher. Kunden erwarten Lösungskompetenz und niemanden, der auswendig gelernte Produkteigenschaften vorsagt. Gute Verkäufer müssen wie Berater denken, aber trotzdem verkaufen können. Sie müssen mehr denn je Prozesse und betriebswirtschaftliche Hintergründe des Kunden tiefer verstehen. Genau dieser Spagat macht das Recruiting anspruchsvoller.

Mindestens genauso wichtig wie das eigentliche Recruiting-Procedere ist für Unternehmen, die Leistungsträger im Vertrieb suchen, das Jobselling im Vorfeld. Worauf kommt es hier gerade bei Vertriebspositionen an?

Lorenz Schlotter: Gerade im Interview ist kluges Jobselling erfolgsentscheidend. Es erfordert, dass der Interviewer die Rolle des Karriereberaters, nicht des „strengen Prüfers" annimmt. Nur dann wird er zwei entscheidende Dinge herauszufinden: Die Veränderungsmotivation und die Wechselvoraussetzung. Es ist wie im „echten" Vertrieb: Wer die Bedürfnisse des Gegenübers richtig erfasst, kann das Produkt, in dem Fall den Job, das Arbeitsumfeld und die Perspektive, richtig verkaufen. Ohne Jobsellling bleibt die Verpflichtung des Wunschkandidaten ein Zufallsprodukt.

Wie unterscheiden sich heute Recruitingprozesse vor allem für Vertriebsentscheider-Positionen gegenüber früher, etwa durch den Einsatz von KI oder andere Herausforderungen bei neuen Vertriebspositionen?

Lorenz Schlotter: Meiner Erfahrung nach spielt KI bei diesen Prozessen noch eine untergeordnete Rolle. Denn bei Verkaufsleiter- und Head of Sales- Positionen ist der persönliche und professionelle Austausch das A und O. Je umsatzkritischer eine Entscheidervakanz ist, desto wichtiger wird für Prozessbeteiligte der persönliche Kontakt, wahrgenommene Sympathie, Vertrauen und Netzwerk. Geschäftsführer im Mittelstand entscheiden bei der Vertriebsleiterauswahl selbst mit. Sie verlassen sich auf ihr Bauchgefühl und ihre Erfahrung. Keine KI wird dieses Gefühl ersetzen. Der Vertrauensaspekt bleibt bei solchen Positionen aus meiner Sicht das Zünglein an der Waage.

Zur Nachverfolgung der enthaltenen Literaturhinweise siehe ▶ *https://go.sn. pub/w58n8z*

So geht Kaltakquise mit KI-Agenten

Eva-Susanne Krah am 29.07.2025
Das vielzitierte Sommerloch droht auch im Vertrieb, denn potenzielle Kunden sind jetzt schwer erreichbar. Doch gute Kaltakquise muss nicht ausfallen. KI-Agenten können sie systematisch übernehmen.

Vertriebsexperten sagen, es sei die Königsklasse – der Griff zum Telefon oder der Klick auf sozialen Plattformen, um Kunden „kalt" zu kontakten, also unbekannte Kunden gezielt neu anzusprechen und in einen Sales-Prozess zu holen. Kaltakquise ist ein wichtiges Instrument für Verkäufer. Gleichzeitig gilt sie als eine der schwierigsten Verkaufsdisziplinen. Gerade in den „schönsten Wochen des Jahres" ist es gar nicht so einfach, Entscheider anzusprechen. Das gilt telefonisch genauso wie auf Linkedin oder weiteren Social-Media-Plattformen. Zudem müssen jeweilige AnspracheKonzepte für potenzielle Kunden gerade in der Kaltakquise flexibel sein, denn die Kunden sind es auch.

Eine klar instruierte automatisierte Vorgehensweise mit KI-Unterstützung, etwa durch KI-Agenten, kann dann die Vertriebsarbeit erleichtern. Forscher von Cap Gemini belegen die wachsende Bedeutung der KI-Agenten mit Zahlen aus einer internationalen Studie unter 1500 Executives in Unternehmen.

Mit KI-Agenten im Sales vom B2C-Vertrieb lernen

Chatbots können immer mehr Aufgaben übernehmen. Neben dem Einsatz im Kundenservice rückt in vielen Unternehmen die Anwendung im Vertrieb in den Fokus. Vor allem B2C-Firmen experimentieren mit KI-basierten Outbound-KI-Agenten.

Danach haben zwölf Prozent der Unternehmen bereits teilweise AI-Agenten implementiert und fast ein Viertel (23 %) haben Piloten eingeführt, während 61 % an-

E.-S. Krah, J. Leitherer, *Best of springerprofessional.de 2025: Marketing + Vertrieb*, essentials, https://doi.org/10.1007/978-3-658-50812-8_8

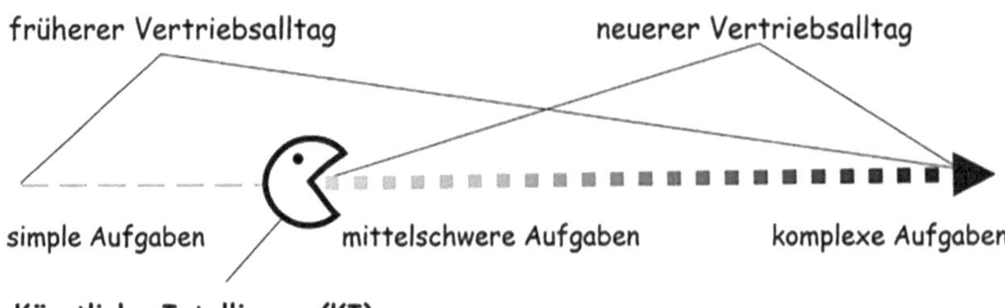

Abb. 8.1 Entwicklungskurve des Vertriebsalltags von Vertriebsmitarbeitern durch KI-Unterstützung. (Beck, Manuel: „Künstliche Intelligenz in der Nussschale", Wiesbaden 2025, Seite 19)

geben, an der Einführung von AI-Agenten zu arbeiten oder sie zu prüfen. Der gleiche Anteil (61 %) ist überzeugt, dass Agentic AI transformatives Potenzial hat. Und 58 % der Entscheider in Business-Funktionen planen, in den kommenden drei Jahren mindestens einen täglichen Geschäftsprozess über KI-Agenten abzuwickeln.

Manuel Beck erklärt im Springer-Buchkapitel „Künstliche Intelligenz in der Nussschale", dass der Vertriebsjob durch den Einfluss von Künstlicher Intelligenz jedoch durchaus „zunehmend komplexer und strategischer" wird, weil einfache Standardaufgaben durch die KI-Anwendungen übernommen werden können. Was das für den Vertriebsalltag bedeutet, verdeutlicht Abb. 8.1.

Mit Sprachagenten zu höheren Kontaktraten

Wie Experten von Voice-Agent.AI in einem Blogbeitrag erklären, könnten Unternehmen, die auf KI-gestützte Sprachagenten setzen, eine Steigerung ihrer Kontaktrate um durchschnittlich 300 % erreichen und gleichzeitig ihre Conversion-Rate um 27 % erhöhen, zitieren sie eine Gartner-Studie. Demgegenüber stehen Zahlen, wonach Vertriebsmitarbeiter oft bis zu 40 % ihrer Arbeitszeit mit Anrufen verbringen, die zu keinem Verkaufsergebnis, also keinem Kontakt oder Auftrag führen.

Entsprechend programmierte KI-Sprachagenten können mit emotionaler Intelligenz und flexibler Gesprächsführung erfolgreicher sein. Sie lassen sich jedoch nicht nur zur Kaltakquise, sondern beispielsweise auch für Upselling oder Cross Selling einsetzen. Neben dem richtigen Timing, das bei der Verwendung von KI-Sprachagenten zum Beispiel in der Erstansprache zählt, analysiert die KI das Kundenverhalten und die (bisherigen) Kaufvorlieben, um passende Produkte vorzuschlagen. Dabei bauen die Agents KI-gestützt einen vertrauensbildenden Kundendialog auf, in den Verkaufsbotschaften für ein Upselling integriert sein können. Im Cross Selling können sie zum Beispiel logische Ergänzungen zum ausgewählten Produkt vorschlagen.

Die Analyse im „AI Radar 2025" der Boston Consulting Group, für die 1803 C-Level-Führungskräfte aus 19 Ländern und 12 Branchen befragt wurden, darunter 198 Teilnehmer aus Deutschland, zeigt, dass 67 % der befragten Unternehmen autonome KI-Agenten klar als Teil ihrer KI-Transformation im Unternehmen betrachten.

Kaltakquise-Kampagnen mit KI-Sprach-Agents
Der Ablauf einer programmierten Kaltakquise funktioniert nach diesen Schritten, die anders als bei Bots keinem festgelegten Skript folgen, sondern kontextbasiert aufgebaut sind, auf der Basis von NLP-Algorithmen. Die Experten von Voice-Agent.AI nennen fünf zentrale Phasen für den Gesprächsablauf. Diese folgen wesentlich dem Ansatz, nach dem auch ein menschlicher Vertriebsmitarbeiter vorgehen würde.

- **Begrüßung und Vorstellung:** Der KI-Sprachagent stellt sich vor und nennt den Grund des Anrufs…
- **Interesse wecken:** Durch gezielte Fragen wird das Interesse des potenziellen Kunden geweckt…
- **Qualifizierung:** Der Agent prüft, ob der Angerufene tatsächlich zum Zielkundenprofil passt…
- **Einwandbehandlung:** Bedenken werden erkannt und mit passenden Argumenten adressiert…
- **Abschlussphase:** Je nach Ziel des Anrufs wird ein Termin mit dem potenziellen Kunden vereinbart oder ein Folgeanruf geplant.

Typische Fragen zur Leadqualifizierung im KI-Skript, die bei der Kaltakquise eine Rolle spielen, sind am Beispiel des Produkts einer Enterprise-Softwarelösung in der Tabelle in Abb. 8.2 dargestellt.

Florian Fauck-Wunderlich, Head of AI and Advanced Analytics Consulting EMEA bei Pegasystems, sieht KI-Agenten schon in weiteren Dimensionen. So würden selbstoptimierende Prozessagenten zunehmend zum Einsatz kommen. Sie können nicht nur Aufgaben „automatisiert ausführen, sondern dabei auch lernen, ihre Logik zu verbessern, sich dynamisch an Veränderungen anpassen und die Effizienz und Qualität von Prozessen steigern." Als typisches Einsatzfeld nennt er den Kundenservice. Hier sind KI-Agenten in der Lage, auf Basis von Feedbackschleifen ihre Dialogstrategien mit Kunden zu verbessern.

KI-Skript	Leadqualifizierungsfragen
Größenordnung/Budget	Wie viele Mitarbeiter würden das System voraussichtlich nutzen?
Entscheidungsbefugnis/Ebene	Sind Sie an der Entscheidung über neue Softwarelösungen beteiligt?
Kundenbedarf	Welche Herausforderungen haben Sie aktuell mit Ihrem bestehenden System?
Zeitrahmen	Planen Sie in den nächsten 6 Monaten eine Veränderung Ihrer IT-Infrastruktur?
Quelle:	Voice-Agent.AI

Abb. 8.2 Typische Fragen zur Leadqualifizierung im KI-Skript

Wichtige Säulen für die KI-Kaltakquise

Diese Strategien von Vertriebsspezialisten sind auch unter Einsatz von KI zum Beispiel bei der Kaltakquise entscheidend:

- **Kaltakquise mit Social Selling:** Social Selling sollten Vertriebsteams gezielt zur Kaltakquise einsetzen, um organische Kundenbeziehungen aufzubauen. Je nach Zielgruppe können unterschiedliche Plattformen entscheidend sein. Frank Hussendörfer und Severine Thiel betonen im Sales-Excellence-Beitrag „Social Selling, die neue Art der Kaltakquise" (Ausgabe 5/2024), dass besonders Linkedin sich inzwischen zu einem Tool entwickelt, das vor allem vom Vertrieb genutzt werden sollten, um potenzielle Kunden gezielt anzusprechen.
- **Zielgruppenansprache:** Die Branche und die damit verknüpfte Frage sind entscheidend, wo und wann die Zielgruppe am besten erreicht wird. Hält diese sich zum Beispiel viel in Social Media und im Internet auf oder ist sie klassisch am ehesten am Arbeitsplatz oder auf einschlägigen Business-Events erreichbar, so entscheidet dies über den Weg zur Kontaktanbahnung für die Akquise.
- **Verkäuferverhalten:** Vertriebskanäle und Wege in der Kundengewinnung müssen zum Verkäufer selbst passen und den eigenen Stärken entsprechen, rät Verkaufstrainerin Sandra Schubert im Beitrag „Akquise-Lust statt Frust" (Sales-Excellence-Ausgabe 7–8/2024).
- **Vertriebsaufgaben:** KI verschiebt Vorbereitungsaufgaben für die Akquise von Interessenten in Vertriebsteams auf den Einsatz von AI-Agenten.

- **Kundeninteraktion:** Die Arbeit von KI-Agenten beginnt immer mittelbar oder unmittelbar durch die Interaktion mit einem Nutzer und kann auch im Bereich der Akquise eingesetzt werden. Denn als (teil-)autonome Systeme können Agenten „mithilfe von LLMs Aufgaben vollautomatisch und ohne menschliche Interaktion durchführen", beschreibt das Springer-Autorenteam Daniel Koch, Andreas Kohne und Nils Brechbühler im Kapitel „KI-Agenten" (Seite 109) des Buchs „Prompt Engineering im Unternehmen".
- **Kommunikation:** Werden KI-Agenten genutzt, entwickelt sich ein weiterer wichtiger Kommunikationskanal, betont Kommunikationsexpertin Gabriele Horcher. „Vertriebsleitungen müssen sich jetzt entscheiden, ob und wie sie diesen neuen zusätzlichen Kanal durch die Optimierung der Website aktiv unterstützen wollen, damit Produkte, Services oder Dienstleistungen von KI-Agenten zum Beispiel noch besser gefunden werden können, oder ob sie sich dem neuen Kanal bewusst entziehen möchten."

Zur Nachverfolgung der enthaltenen Literaturhinweise siehe ▶ *https://go.sn. pub/gs4hdj*

Überzeugende Angebote gestalten 9

Eva-Susanne Krah am 4.07.2025
Vertriebsmitarbeiter kennen die Situation gut: Kunden, die sich für ein Produkt interessieren, möchten möglichst schnell ein präzises Angebot. Der Aufbau trägt entscheidend dazu bei, den Auftrag zu erhalten. Tipps für gutes Angebotsmanagement.

Wie sollten schnell korrekte und überzeugende Angebote für komplexe Produkte erstellt werden, um Interessenten zu begeistern und neue Kunden zu gewinnen? Die Experten von SAE raten in einem Insights-Beitrag dazu, vier Kernaspekte zu beachten, die sich übertragen so zusammenfassen lassen:

1. **Individueller Angebotsumfang**
   Überzeugen Sie Kunden mit individuellen Angeboten
2. **Korrekte Angaben**
   Fehler im Angebot sollten vermieden und Preis- und Rabattvorgaben konsequent beachtet werden
3. **Schnelligkeit**
   Kunden sollten Angebote des Vertriebs möglichst zügig erhalten, damit das Kaufinteresse nicht erlischt
4. **Wiedererkennbarkeit**
   Für einen besseren Wiedererkennungswert sollten Angebote immer im Corporate Identity (CI) Design, also zum Beispiel mit Unternehmens-Logo und den Unternehmensfarben, verschickt werden

E.-S. Krah, J. Leitherer, *Best of springerprofessional.de 2025: Marketing + Vertrieb*, essentials, https://doi.org/10.1007/978-3-658-50812-8_9

Darüber hinaus sollten konsequent sinnvolle Zusatzleistungen im Angebot als Anreiz mit ausgewiesen werden, auch wenn der Kunde nicht danach gefragt hat. Je nach Industriezweig können die Gestaltung und Prozesse eines Kundenangebots variieren.

Andere Branchen, andere „Sitten" im Angebotsmanagement
Den Erfolg dieser Vorgehensweise zeigt sich an einem Beispiel aus der Luftfahrtbranche: So beschreibt der Springer-Autor Ben Vinod im Buchkapitel „Offer Management, Dynamic Pricing, and Order Management" seines Buchs „Mastering the Travel Intermediaries" am Beispiel der Luftfahrtindustrie, dass der Wandel des Einnahmenmanagements von Fluggesellschaften in ein Angebotsmanagement vorangetrieben wird, „weil sich der Verkauf von Basistarifen hin zur Bündelung von Tarifen mit Zusatzprodukten und -dienstleistungen" verlagert. Fluggesellschaften ermöglichen es zum Beispiel dynamische Preisanpassungen und Bestandskontrollen, ihre Einnahmen zu steigern. Mithilfe moderner Systeme werden

- Angebote stark nach Kundensegmenten im Reisekontext des Kunden gestaltet,
- mit sogenannten recommendation engines Bundle automatisiert angeboten oder
- im Rahmen von Markenfamilien verschiedener Gesellschaften auch Zusatzprodukte über den Grundtarif eines Angebots hinaus gegenüber Kunden konzipiert.

„Marken-Tariffamilien und der Verkauf von à la carte-Zusatzleistungen haben den Fluggesellschaften in den letzten Jahren Milliarden von Dollar eingebracht.", stellt Vinod fest (Seite 298). Während der durchschnittliche Grundtarif in der Luftfahrtbranche in den vergangenen zehn Jahren um 0,9 % pro Jahr gesunken sei (Quelle: IATA, 2018), sei der Umsatz mit Zusatzleistungen um 40 % gestiegen.

Bei hybriden Produkten, etwa im IT-Sektor, können im Angebotsmanagement hingegen Entwicklung und Vertrieb nicht unabhängig voneinander betrachtet werden. „Die endgültige, konzeptionelle Erstellung des kundenindividuellen Hybriden IT-Produkts erfolgt demnach in der Vertriebsphase unter Mitwirkung des Kunden", erklärt Philipp Langer in einem Kapitel des Buchs „Angebotsmanagement für hybride IT-Produkte".

Blick auf's Produktportfolio
Vertriebsexpertin Livia Rainsberger lenkt in ihrem Buch „1001 wirkungsvolle Fragen für den Vertrieb" den Blick auf die Vorstufe eines erweitertes Angebotsmanagements: Unternehmen sollten schon vorher ihr Leistungsportfolio auf ein mögliches Cross-Selling-Potenzial im Produktportfolio überprüfen und sich folgende Fragen stellen:

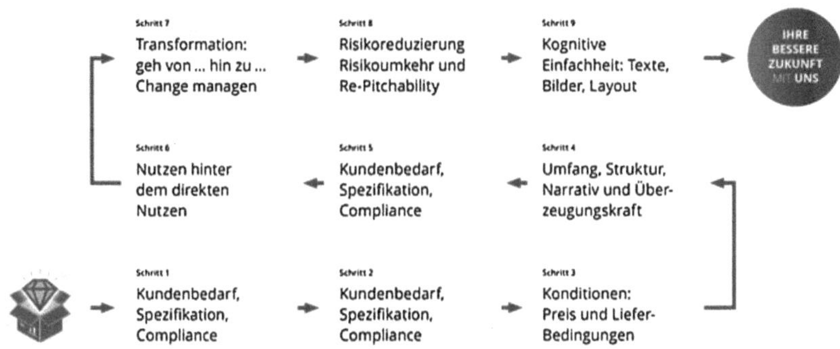

Abb. 9.1 Kundenbedarf, Lösungsbeschreibung und Konditionen. Aus: Wunderlich, M.: Überzeugende Angebote als Wettbewerbsvorteil im B2B, Springer 2024, S. 38

- Welche Teile unseres Leistungsportfolios haben Cross-Selling-Potenzial?
- Welche Produkte in unserem Portfolio könnten von weiteren Ergänzungen profitieren?
- Welche Produkte könnten wir zu Bundles oder speziellen Paketen schnüren?
- Welche Produkte werden des Öfteren gemeinsam gekauft und wie können wir zusätzliches Potenzial daraus ableiten?
- Welche Zusatzangebote würden unser Portfolio abrunden?
- Welche weiteren Produkte und Leistungen in Zusammenhang mit unserem Angebot beziehen die Kunden bei anderen Anbietern und inwiefern ist es sinnvoll, das eigene Portfolio dadurch zu erweitern?
- Gibt es Feedback und Hinweise seitens der Kunden auf fehlende Produkte in unserem Portfolio?

Klarer Angebotsprozess sichert den Auftragserfolg

Im Buchbeitrag „9 Schritte zum überzeugenden Angebot" zeigt Springer-Autor Marco Wunderlich auf, dass, etwa im Lösungsverkauf, ein klares Angebotsraster für das Angebotsmanagement Sinn macht. Es reicht von Schritt 1 – Kundenbedarf, Spezifikation und Compliance bis zu Schritt neun – kognitive Einfachheit: Texte, Bilder, Layout für die Angebotsgestaltung. Entscheidend sind aus Sicht von Wunderlich vor allem die ersten drei Schritte: Kundenbedarf, Lösungsbeschreibung und Konditionen. Abb. 9.1 zeigt den Prozess im Überblick.

Zur Nachverfolgung der enthaltenen Literaturhinweise siehe ▶ *https://go.sn. pub/t4gaml*

Vertriebsperformance als zentraler Werttreiber

10

Eva-Susanne Krah am 12.03.2025

Exzellente Vertriebsperformance wird in Zeiten härteren Wettbewerbs immer wichtiger. Dr. Dirk Artelt, Managing Partner bei Dr. Wieselhuber & Partner, erklärt im Interview mit Springer Professional, welche Stellschrauben für Vertriebsorganisationen gerade jetzt wichtig sind, um Erfolge zu sichern.

springerprofessional.de: Herr Dr. Artelt, in einer Multi-Client-Studie Ihres Hauses zur Vertriebsperformance in der Investgüterbranche wird deutlich, dass die Wirkung bewährter Vertriebsinstrumente unter anderem aufgrund der volatilen Marktentwicklung und zunehmender Regulatorik abnimmt. Die Vertriebsperformance rückt daher in den derzeit wirtschaftlich angespannten Zeiten stärker in den Mittelpunkt. Wie können Vertriebsorganisationen jetzt am besten Optimierungsmaßnahmen anstoßen – und welche sollten dabei im Mittelpunkt stehen?

Dr. Dirk Artelt: In der Vergangenheit wurde der Vertrieb oft von Optimierungsmaßnahmen ausgenommen, die Umsatzseite galt als „heilige Kuh". Heute sollte man umdenken. Gerade hier gibt es Stellhebel, die Umsatz und Ergebnis kurzfristig positiv beeinflussen können! Konkret heißt das: Klare Ziele für den Umsatz- und Ergebnisbeitrag definieren, einen Quick-Check der Potenziale durchführen und ein agiles, Output-orientiertes Vorgehen mit kurzzyklischen Abstimmungen implementieren.

In wirtschaftlich unruhigen Zeiten steht die Vertriebsperformance noch stärker auf dem Prüfstand. Warum ein starker Vertrieb gerade jetzt gefragt ist und mit welchen Maßnahmen Unternehmen ihre Zukunft sichern können.

E.-S. Krah, J. Leitherer, *Best of springerprofessional.de 2025: Marketing + Vertrieb*, essentials, https://doi.org/10.1007/978-3-658-50812-8_10

Können Sie drei Top-Handlungsfelder nennen, die Vertriebsführungskräfte dabei im Auge behalten sollten?

Dr. Dirk Artelt: Die drei wichtigsten Handlungsfelder sind die Optimierung des Pricings, das Cross- und Up-Selling bei Bestandskunden sowie eine fokussierte Vertriebsarbeit. Die Preissetzung zu verbessern und durchzusetzen sowie Konditionen gezielt zu steuern, können direkte Ergebnisverbesserungen bewirken. Zusätzlich lassen sich durch eine bedarfsorientierte Perspektive Potenziale gezielt heben, indem Kunden auf Basis eines Quick-Check-Ansatzes priorisiert werden. Schließlich ist es entscheidend, die Vertriebsarbeit auf Angebote mit hoher Abschlusswahrscheinlichkeit zu fokussieren, die Rabattbefugnisse gezielt anzupassen und schnelle Entscheidungsprozesse zu implementieren. So lassen sich die Vertriebsressourcen effektiv einsetzen.

Welche Kenngrößen sollten Vertriebsorganisationen bei einer Analyse oder einem Benchmark der eigenen Vertriebsleistungen in den Vordergrund stellen, etwa bei den Vertriebsprozessen, der Kundenbetreuung, den Ressourcen oder der Overall-Performance im Vertrieb?

Dr. Dirk Artelt: Effektives Vertriebscontrolling sollte sich auf wenige, aber aussagekräftige Kennzahlen konzentrieren. Eine „Überfrachtung" mit KPIs (Key Performance Indicator) führt oft zu ineffizienten Strukturen. Das haben wir beispielsweise auch in unserem Projekt bei einem Sondermaschinenhersteller erlebt: Jede Abteilung verfolgte eigene Kennzahlen ohne einheitliche Definition. Die Folge waren hohe administrative Aufwände und eine unklare Bestimmung der Leistungen. Erst als Kennzahlen reduziert und vereinheitlicht wurden, sorgte das für eine höhere interne Effizienz und gestiegene Vertriebsperformance.

Besonders aussagekräftig sind drei Top-Kennzahlen: Auf der Input-Seite spielen der Anteil der Vertriebskosten am Umsatz und die Mitarbeiterproduktivität eine zentrale Rolle. Bei den Prozessen sind Durchlaufzeiten von Aufträgen und die Wandlungsrate (Conversion Rate) von Angeboten wichtige Indikatoren. Im Bereich der Output-Messung sind Kundenbindungsrate und Vertriebsdeckungsbeitrag entscheidend, um die Gesamtperformance des Vertriebs zu bewerten.

Was sind Ihrer Erfahrung nach heute häufige Gründe für Performance-Schwächen im Vertrieb?

Dr. Dirk Artelt: Strukturen, Kapazitäten und Abläufe können heute häufig nicht mehr mit den sich wandelnden Markt- und Kundenanforderungen Schritt halten.

Hinzu kommt, dass der Fokus immer noch zu sehr auf der aktuellen Ist-Situation anstatt auf tatsächlichen Potenzialen liegt. Die Folge ist eine ineffiziente Kundenpriorisierung, die mit einem Ressourceneinsatz einhergeht, der nicht optimal ist. Hinzu kommt die Aufbauorganisation: Starre Gebiets-, Regionen- oder Geschäftsbereichsaufteilungen limitieren die operative Vertriebsarbeit und verhindern, dass Kundenpotenziale umfassend gehoben werden. Vielerorts schöpfen Vertriebsorganisationen die Chancen der Digitalisierung noch nicht vollständig aus. Gleichzeitig bleibt ein hoher Anteil an administrativen Tätigkeiten bestehen. Last but not least: Wenn das Incentive-System nicht mit der Strategie verknüpft ist, führt es zu Fehlanreizen, mangelnder Leistungsanerkennung und letztlich zu Demotivation.

Vertriebsteams von Unternehmen stecken branchenübergreifend aus verschiedensten Gründen oft im Projektstau oder arbeiten stark silozentriert – wie können sie das am besten verändern?

Dr. Dirk Artelt: Am besten gelingt das mit einer Kombination aus klarer Priorisierung, interdisziplinärer Zusammenarbeit und technologischem Fortschritt. Zunächst muss bewusst entschieden werden, welche Projekte nicht bearbeitet werden – auch wenn das oft am schwersten fällt. Dies ermöglicht es, Ressourcen gezielt zuzuweisen und hilft, Engpässe zu vermeiden. Um den Austausch zwischen verschiedenen Bereichen zu verbessern, haben wir sehr gute Erfahrungen mit der kundenzentrierten Projektmanagementmethode (Stichwort: agile Vertriebsaktivierung) gemacht. Das beinhaltet, klare Ziele zu setzen, Arbeitspakete zu definieren, eine offene Kommunikationskultur zu leben und vor allem die relevanten Bereiche einzubinden. Auch außerhalb des Vertriebs müssen dabei alle an einem Strang ziehen.

Zur Nachverfolgung der enthaltenen Literaturhinweise siehe ▶ *https://go.sn. pub/1sm9dm*

Gute Kommunikation ist oft Mangelware

11

Eva-Susanne Krah und Johanna Leitherer am 27.10.2025
Nach außen hin agieren Unternehmen in der Kommunikation meist stark. Doch gutes internes Kommunizieren wird oft noch eher stiefmütterlich behandelt. Das verdeutlichen Ergebnisse einer PR-Studie.

Maximale Kampagnen, starkes Social-Media-Engagement und Investments in die Markenaufmerksamkeit, um Kunden zu gewinnen oder zu binden und die Marke zu stärken: Hierauf liegt meist der Fokus von Unternehmen in der Kommunikation nach außen. Doch bei den Strategien für die interne Kommunikation hapert es an einigen Stellen, wie Analysen im Rahmen des gemeinsamen PR Trendmonitors von News aktuell und der P. E. R. Agency zeigen. Danach kämpfen Unternehmen bei ihren internen Kommunikationsabläufen vor allem mit Ressourcenmangel, Informationsflut und unklaren Prozessen. An der jährlichen Umfrage haben 276 Kommunikationsprofis aus Deutschland und der Schweiz teilgenommen.

Gut intern kommunizieren unterstützt die Unternehmensstrategie

Die Ergebnisse des Monitors verwundern insofern, als die interne Workforce beziehungsweise die Stakeholder der Kommunikation eine der wesentlichen Säulen in Unternehmensstrategien sind. Erfahrungswerte aus Unternehmen zeigen: Sind Mitarbeiter oder Beteiligte gut informiert und eingebunden, tragen sie die strategische Ausrichtung des eigenen Unternehmens aktiver mit und unterstützen entsprechende Maßnahmen. Sie zu blockieren durch ungenügenden Kommunikationsfluss oder sie zum Beispiel durch zu komplizierte Strukturen über mehrere

Hierarchieebenen bei Kommunikationsmaßnahmen abzuhängen, hat meist negative Effekte im Unternehmenskontext. Das gilt für die Belegschaft ebenso wie für das Tempo, mit dem Maßnahmen intern vorankommen. Darüber hinaus setzt die zunehmende Bedeutung digitaler Medien auch neue Benchmarks für die interne Kommunikation, wie im Kapitel „Digitale Interne Kommunikation im Wandel" von Springer-Autorin Kristin Engelhardt deutlich wird.

Fehlende Ressourcen als größtes Problem
Mit Abstand die größte Hürde bei der internen Kommunikation sind laut der Studie jedoch mangelnde Ressourcen. Knapp ein Drittel der Befragten nennt zum Beispiel zu wenig Zeit, fehlendes Budget und zu wenig Personal als zentrale Herausforderung für die interne Kommunikation ihres Unternehmens (31 %). An zweiter Stelle steht der Overload an Informationen. Gut jeder fünfte Kommunikationsprofi ächzt unter der Last der Kommunikationsmaßnahmen oder sieht die Vielzahl verschiedener Kanäle als Hindernis (21 %). Fast ebenso viele Befragte beklagen unklare Zuständigkeiten oder Prozesse (20 %).

Aber auch fehlende Strategien und unklare Zielsetzungen in der internen Kommunikation bremsen 18 % der befragten Teilnehmer intern aus. Sie sehen es sogar als größtes Problem, während

- 17 % bemängeln, dass interne Kommunikation durch die geringe Beteiligung von Mitarbeitern erschwert wird.
- 16 % wiederum kritisieren eine einseitige, rein top-down ausgerichtete Kommunikation ihres Unternehmens.

Die Kommunikationsdefizite werden zudem laut der Studie durch dezentral und hybrid organisierte Belegschaften in den Unternehmen befördert. Das macht jedem siebten Befragten zu schaffen (14 %).

Kommunikation ist Top-Werkzeug für den Unternehmenserfolg
Die Springer-Autorin Andrea Montua stellt im Springer-Buchkapitel „Die geheime Zutat des Unternehmenserfolgs" zur zentralen Rolle der Internen Kommunikation für den Unternehmenserfolg ihres Buchs „Führungsaufgabe Interne Kommunikation" fest:

> „In Unternehmen steigen die Anforderungen an die Interne Kommunikation, bei der alle wichtigen Fäden zusammenlaufen."

Gute Interne Kommunikation sei das wichtigste Werkzeug für Unternehmen auf dem Weg zu mehr Bindung und Identifikation und ein „Vehikel", um eine Unternehmensstrategie und Kultur in „Köpfe und Herzen" der Mitarbeiter zu transportieren. Montua benennt, dass mit den vielen neuen Herausforderungen in Zeiten von New Work und der hohen Geschwindigkeit, in der Unternehmen zum Beispiel Transformationsprozesse bewältigen müssen, die Interne Kommunikation gefragt und gefordert sei wie nie zuvor. Sie sei „ausschlaggebend für den Erfolg oder Misserfolg von Projekten und auch der gesamten Organisation", so die Expertin. Offen ist allerdings oft die Frage, was eigentlich mit dem Begriff Interne Kommunikation verbunden wird, zum Beispiel das Intranet und die Mitarbeiter-App, das Town-Hall-Meeting oder Führungskräfte-Briefings, wie im Kapitel angeführt wird.

Die richtigen KPIs, die es braucht, um Erfolge in der Internen Kommunikation zu messen, beschreibt Montua im Kapitel „Interne Kommunikation ist messbar" mit den vier Ebenen

- Zielgruppe(n)
- Format/Kanal
- Zeitraum und
- Zielzustand.

Jeweils 13 % der Befragten aus der PER-Studie empfinden es jedenfalls als eine große Herausforderung, dass ihnen geeignete Werkzeuge fehlen, um interne Kommunikation zu messen und dass Kommunikationsbotschaften bei Mitarbeitern nicht richtig ankommen. Abb. 11.1 zeigt einen Überblick über zentrale Ergebnisse des Reports.

PR Trendmonitor von News aktuell und P. E. R.; Onlinebefragung im Februar 2025 unter 276 Kommunikationsprofis aus Unternehmen, Organisationen und PR-Agenturen in Deutschland und der Schweiz. Maximal drei Nennungen

Noch bedenklicher ist die Tatsache, dass mehr als jeder zehnte Kommunikationsprofi (zwölf Prozent) durch die mangelnde Unterstützung seitens Führungskräften und Management ausgebremst wird.

Hohe Akzeptanz interner Kommunikationstools

Bei intern verwendeten Kommunikationstools ist der Frustrationsgrad bei Mitarbeitern deutlich geringer. So klagen zum Beispiel nur sieben Prozent der Beschäftigten in Unternehmen über technische Hürden, wenn neue digitale Tools oder Plattformen eingeführt werden und auch am nötigen Know-how oder an geeigneten Kanälen fehlt es jeweils nur neun Prozent der Befragten. Überdies gibt es

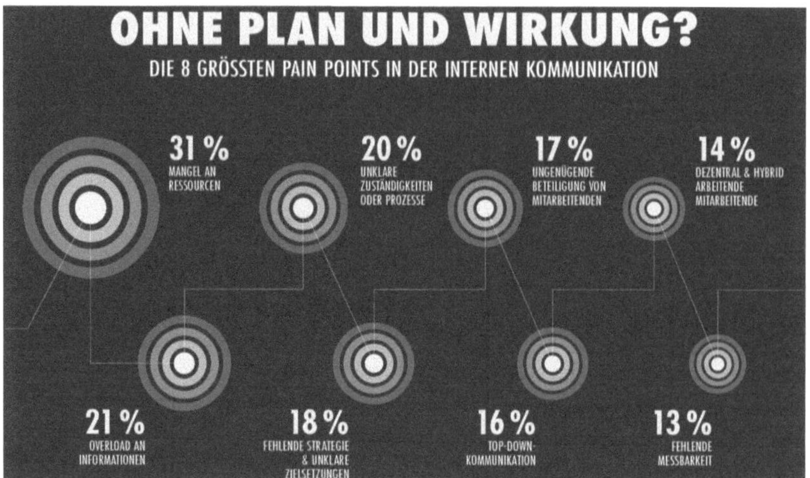

Abb. 11.1 Die Prozess- und Maßnahmeneffizienz in der Internen Kommunikation von Unternehmen schwächelt an vielen Stellen.

lediglich bei neun Prozent der Beteiligten aus der Studie eine mangelnde Akzeptanz interner Kommunikationstools. Erfreulich: Sprachliche und kulturelle Barrieren in internationalen Teams bereiten der internen Kommunikation die wenigsten Probleme (fünf Prozent).

Zur Nachverfolgung der enthaltenen Literaturhinweise siehe ▶ *https://go.sn. pub/fmzaps*

Budgetierung im B2B-Marketing bleibt herausfordernd

12

Johanna Leitherer am 30.09.2025
Die Verteilung der Marketingbudgets beschäftigt B2B-Betriebe zusehends, denn Personalmangel und Kostendruck sind allgegenwärtig. Eine neue Studie beleuchtet, wie Industrieunternehmen strategisch auf diese Entwicklung reagieren.

Nach einigen Jahren zeigen die hiesigen Marketingetats nun einen rückläufigen Trend: Im Durchschnitt gingen die Budgets im Vergleich zu 2024 um 3,1 % zurück, während externe Kosten weiter zunehmen. Das meldet der Bundesverband Industrie Kommunikation e. V. (bvik) in seiner aktuellen Studie „B2B-Marketing-Budgets 2025", für die knapp 100 Marketer aus dem B2B-Segment befragt wurden. Die Unternehmen legen demnach verstärkt Wert auf die Effizienz ihrer Maßnahmen und deren strategische Gewichtung.

Große Ziele, wenig Personal
Dieser Fokus gewinnt auch deshalb an Relevanz, weil das Mitarbeiterwachstum nach Auffassung von 50 % der Befragten stagniert: Nur noch 25 % der Befragten gehen davon aus, dass ihr Team sich vergrößern wird. Im Vorjahr waren es noch 36 %. Einen Rückgang erwarten sogar 14 %. Im Jahr 2024 waren es nur halb so viele.

Die Zahlen machen deutlich, dass dieselben Anforderungen im Marketing künftig von weniger Schultern getragen werden müssen. Welche Marketingziele bei Marketern derzeit auf der Agenda stehen, zeigt Abb. 12.1.

E.-S. Krah, J. Leitherer, *Best of springerprofessional.de 2025: Marketing + Vertrieb*, essentials, https://doi.org/10.1007/978-3-658-50812-8_12

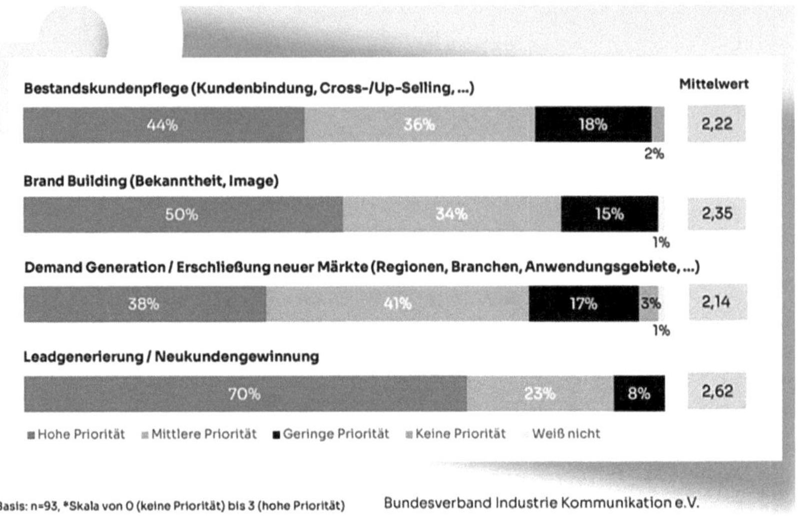

Abb. 12.1 Auch dieses Jahr sehen sich Marketingfachkräfte mit vielfältigen Aufgaben konfrontiert. © bvik

Budgetverteilung mit Kundenfokus

Trotz dieser inhaltlichen Schwerpunkte fließt der größte Anteil der externen Ausgaben weiterhin in

- Messeauftritte und Veranstaltungen für Kunden (39 %). Allerdings glauben 19 %, dass dieses Budget in Zukunft sinken wird und 44 % immerhin gehen von gleichbleibenden Geldern aus.
- Paid Media, also bezahlte Werbung, nehmen aktuell 19 % in Anspruch, was laut 46 % der Studienteilnehmer in den kommenden drei Jahren sogar noch zunehmen wird. Der digitale Wandel gibt also die Richtung vor.
- Investitionen in die Unternehmenswebsite beanspruchen 14 % des Marketing-Etats, wie die Studie hervorbringt.

Ramona Kaden, Geschäftsführerin des bvik, sagt dazu:

Die Priorisierung zeigt: „Persönlicher Austausch und digitale Präsenz sind nach wie vor die stabilen Säulen im B2B-Marketing:"

Druck aus der Wirtschaft

Gleichzeitig geraten die Marketingbudgets zahlreicher Industrieunternehmen durch die konjunkturelle Lage zunehmend unter Druck. So berichten 87 % der Studienteilnehmer von spürbaren Preissteigerungen beim Einkauf externer Dienstleistungen: im Durchschnitt um 17 %. Diese Entwicklung verschärft die angespannte Budgetsituation zusätzlich und schränkt den finanziellen Handlungsspielraum weiter ein. Auch die Prognosen für die kommenden Jahre sind weniger optimistisch als in der Vergangenheit: Lediglich 27 % der Befragten rechnen damit, dass ihre Budgets für externe Leistungen in den nächsten drei Jahren steigen werden.

Zusätzlich investieren rund 70 % der Unternehmen in den Kompetenzaufbau, insbesondere im Bereich der Marketing-Automation und Data Analytics, beziehungsweise Business Intelligence. Bvik-Geschäftsführerin Ramona Kaden fordert, gezielt in das Know-how der Mitarbeiter zu investieren, damit die eingesetzten Mittel nachhaltige und messbare Resultate erzielen können. Flexibilität und Anpassungsfähigkeit seien im B2B-Marketing unverzichtbar geworden.

Eigene Wachstumslogik berücksichtigen

Die zentralen strategischen Ziele für das Jahr 2025 lauten folglich:

- Nachfrage schaffen,
- die Infrastruktur stärken und
- Differenzierung ermöglichen.

Professor Dr. Hannes Huttelmaier, wissenschaftlicher Betreuer der Studie, meint hierzu:

In Zeiten knapperer Spielräume entscheidet die Qualität der Allokation. „Wer Budgets konsequent entlang der eigenen Wachstumslogik priorisiert und Kompetenzen gezielt stärkt, wird auch unter schwierigeren Bedingungen Wirkung erzielen."

Zur Nachverfolgung der enthaltenen Literaturhinweise siehe ▶ *https://go.sn. pub/9z2g5l*

Johanna Leitherer am 25.09.2025
Das Social-Media-Marketing im B2B-Bereich ist erwachsen geworden: Statt Quantität rückt die Qualität in den Blickpunkt. Wie das erfolgreich umgesetzt werden kann, zeigt eine neue Studie.

Immer mehr Unternehmen in der DACH-Region erkennen Social Media als feste Notwendigkeit in ihrer B2B-Kommunikation. Das zeigt die aktuelle Social-Media-Studie von Althaller Communication, an der 870 Firmen aus Deutschland, Österreich und der Schweiz teilgenommen haben – so viele wie nie zuvor. Die Ergebnisse machen deutlich, dass der Fokus nicht länger darauf liegt, auf möglichst vielen Plattformen präsent zu sein. Vielmehr dominieren nun Qualität, strategische Inhalte und eine gezielte Nutzung digitaler Ressourcen.

Linkedin dominiert, Facebook und Xing verlieren
Linkedin bleibt der Studie zufolge die wichtigste Plattform im Business-to-Business-Bereich. Zwar verliert das Karrierenetzwerk leicht an Nutzungsanteil, doch bleibt es klarer Marktführer. Andere soziale Netzwerke wie Instagram, Facebook und Youtube verzeichnen teils deutliche Rückgänge. Auch X, ehemals Twitter, und Xing trifft diese Entwicklung. Sie spielen in der B2B-Kommunikation kaum noch eine Rolle. Damit ist auch ein zentraler Trend der vergangenen Jahre beendet: Die Phase der Plattformexpansion ist vorbei. Unternehmen setzen auf die Kanäle, die tatsächlich messbare Ergebnisse liefern – etwa für

- die Leadgenerierung,
- im Employer Branding oder
- die Kundenbindung.

E.-S. Krah, J. Leitherer, *Best of springerprofessional.de 2025: Marketing + Vertrieb*, essentials, https://doi.org/10.1007/978-3-658-50812-8_13

Paid Content wird zur Notwendigkeit

Tatsächliche Sichtbarkeit auf den Sozialen Medien zu erlangen und zu bewahren, beschäftigt B2B-Marketer unverändert. Dieses Ziel versuchen viele über bezahlte Inhalte zu erreichen. Vor allem in gesättigten Märkten und bei erklärungsbedürftigen Produkten wird Paid Content zur Voraussetzung für Reichweite. Das verschiebt auch die Rolle von Social Media im Unternehmen: Statt als reiner Kommunikationskanal werden Social-Media-Maßnahmen stärker in Marketing- und Vertriebsstrategien integriert. Kampagnen sind nicht mehr nur nettes Beiwerk, sondern essenzieller Bestandteil der Unternehmenskommunikation.

Qualität statt Quantität

Mit dem strategischen Wandel verändert sich auch die Content-Strategie. Anstelle einer möglichst hohen Posting-Frequenz rückt der Anspruch an inhaltliche Qualität in den Mittelpunkt. Besonders gefragt sind

- Videos,
- interaktive Formate und
- Thought-Leadership-Inhalte, also hochwertige, meinungsstarke Beiträge, mit denen Personen oder Unternehmen ihre Expertise zeigen, Trends setzen und als Vordenker in ihrem Fachgebiet wahrgenommen werden.

Zwei Drittel der befragten Unternehmen investieren nach Ergebnissen der Studie bereits in eigene Bild- und Videoproduktionen, um komplexe Themen verständlich und emotional aufzubereiten. Das stärkt bei Rezipienten nicht nur den Eindruck von Expertise, sondern auch die Glaubwürdigkeit.

Mitarbeiter als Markenbotschafter

Eine zentrale Rolle spielen dabei Corporate Influencer, also digitale Meinungsführer aus den eigenen Reihen. Immer mehr Unternehmen setzen dazu auf interne Fachkräfte und Führungspersonen, die als authentische Stimmen in sozialen Netzwerken auftreten. Sie verleihen der Kommunikation ein Gesicht und verbinden Fachwissen mit Persönlichkeit. Das Ziel ist, Vertrauen zu schaffen, um sich im B2B-Umfeld wirkungsvoll zu positionieren.

Content-Produktion bleibt größte Hürde

Trotz der gestiegenen Professionalität bleibt es eine der größten Herausforderungen, relevante Inhalte zu erstellen. Mehr als 40 % der Unternehmen geben an, dass ihnen dafür die Kapazitäten fehlen. Besonders in Branchen mit komplexen, erklärungsbedürftigen Produkten stoßen interne Teams an ihre Grenzen. Rund die

Hälfte der Unternehmen setzt deshalb auf externe Agenturen. Diese liefern nicht nur Inhalte, sondern auch Strategien, von Whitepapern über Erklärvideos bis hin zu bezahlten Kampagnen.

Künstliche Intelligenz auf dem Vormarsch

Ein weiterer Baustein der Professionalisierung ist der Einsatz Künstlicher Intelligenz (KI): 82 % der Unternehmen nutzen KI bereits für

- die Erstellung von Texten,
- Grafiken,
- die Planung von Inhalten oder
- die Analyse von Ergebnissen.

Das macht Prozesse effizienter und erlaubt eine datenbasierte Steuerung der Kommunikation. Vor wenigen Jahren wäre ein solches Tempo noch undenkbar gewesen, vor allem im B2B-Marketing.

Ressourcen bleiben knapp

Trotz aller digitalen Hilfsmittel bleibt der Ressourcenbedarf hoch. Während große Unternehmen eigene Social-Media-Teams beschäftigen und über 150 h pro Woche investieren, stemmen kleinere Firmen ihre Aktivitäten oft neben dem Tagesgeschäft. Besonders die Produktion von aufwendigen Inhalten wie Video- oder Storytelling-Formaten stellt 40 % der Studienteilnehmer vor Herausforderungen. Auch hier können Agenturen und KI-basierte Tools Abhilfe schaffen und zwar als Verstärker, die Qualität sichern und interne Ressourcen entlasten.

Social Media im B2B wird erwachsen

Jacqueline Althaller, Gründerin von Althaller Communication und Initiatorin der Studie, betont:

> „Die Zeiten des Ausprobierens sind vorbei. Heute geht es um klare Strukturen, um Qualität statt Quantität und um den intelligenten Einsatz von Budget und Technologie."

Die Studie, die seit 2010 als Langzeituntersuchung durchgeführt wird, zeigt nicht nur momentane Trends, sondern dokumentiert die Entwicklung der B2B-Kommunikation über eineinhalb Jahrzehnte. Auf dieser Basis zeigt sich deutlich:

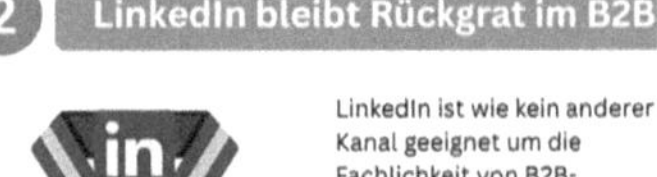

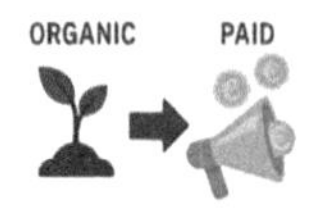

Abb. 13.1 Für den B2B-Bereich ergeben sich einige Schlüsseltrends im Social-Media-Marketing. © Althaller Communication

Wer jetzt in Qualität, Fokus und Technologie investiert, verschafft sich im Wettbewerb einen klaren Vorsprung. Die Entwicklung veranschaulicht Abb. 13.1.

Zur Nachverfolgung der enthaltenen Literaturhinweise siehe ▶ *https://go.sn. pub/6yizu2*

Johanna Leitherer am 11.09.2025
Marketingentscheider stehen vor einem Wendepunkt: Wer es schafft, Bauchgefühl mit belastbaren Daten zu kombinieren, den ROI transparent zu machen und KI-Kompetenzen aufzubauen, wird seine Organisation im Wettbewerb besser positionieren, so Ergebnisse einer Studie.

Fast die Hälfte der leitenden Marketingverantwortlichen in Deutschland investieren mehr als 15 % ihres Budgets in Business Intelligence, also den Prozess zur systematischen Erfassung, Analyse und Visualisierung von Unternehmensdaten, um fundierte Entscheidungen treffen zu können. Doch trotz dieser enormen Investitionen verpufft Potenzial, da Marketer die Erkenntnisse nicht umfassend nutzen. Zu diesem Ergebnis kommt eine aktuelle globale Studie des US-amerikanischen Technologieunternehmens Qualtrics, an der mehr als 700 leitende Marketing-Fachkräfte weltweit zwischen Juli und August 2025 teilgenommen haben.

Bauchgefühl statt Datenlage?
Ein wesentlicher Grund für den mangelnden Reifegrad der Business-Intelligence-Nutzung liegt demnach in der Tatsache, dass sich zwei Drittel der Führungskräfte für Marketing und Insights bei wichtigen Entscheidungen bevorzugt auf ihr eigenes Bauchgefühl verlassen. In Deutschland liegt dieser Anteil bei stattlichen 79 %. Bloße Vermutungen sind damit immer noch stärker als belegbare Fakten.

Das behindert Fachkräfte laut den Studienautoren zum einen dabei, eine verbesserte Kundenerfahrung voranzutreiben, die dazu führt, dass Umsätze angekurbelt und Marktchancen effektiv genutzt werden können. Zum anderen ist es

E.-S. Krah, J. Leitherer, *Best of springerprofessional.de 2025: Marketing +
Vertrieb*, essentials, https://doi.org/10.1007/978-3-658-50812-8_14

problematisch, wenn sich kostspielige Investitionen in Marktforschung nicht mit einer belegbaren Verbesserung der Marketingwirkung rechtfertigen lassen.

Interesse an KI ist groß

Grundsätzlich ist die Bereitschaft, neue Technologien wie etwa Künstliche Intelligenz (KI) zu nutzen, groß. Denn Marketingfachkräfte erhoffen sich damit, Probleme zu lösen und mithilfe generativer KI-Lösungen den gewünschten Return-on-Investment (ROI) zu erzielen.

Fünf wesentliche Stolpersteine stehen einer effektiven Nutzung der Business-Intelligence-Anwendungen allerdings im Weg, wie aus der Studie zu entnehmen ist:

1. Datenflut: 56 % der globalen und 68 % der deutschen Führungskräfte fühlen sich von fragmentierten Daten überfordert.
2. Unklarer Return-on-investment: 38 % der deutschen CMOs sehen es als größte Herausforderung, die Rentabilität zu messen und 53 % nennen einen fehlenden ROI als Investitionsbremse.
3. Schlechte Datenqualität: 28 % bezweifeln die Zuverlässigkeit vorhandener Informationen.
4. Skepsis: 50 % der deutschen Führungskräfte berichten von Vorbehalten gegenüber KI oder synthetischen Daten.
5. Fachkräftemangel: 49 % der Marketingentscheider weltweit und 54 % in Deutschland sehen fehlendes Know-how als zentrales Hindernis.

Kundenverständnis braucht Daten

Lynn Girotto, Chief Marketing Officer bei Qualtrics, sagt dazu:

> „Vermutungen sind eine der teuersten Strategien im Geschäftsleben. Wenn die Ausgaben zurückgehen, sind Unternehmen, die ihren Kunden zuhören und auf echte Bedürfnisse eingehen, besser positioniert, um erfolgreich zu sein."

Deutsche Marketer wollen diese Lücke zwischen Datenmengen und Entscheidungsqualität schließen, indem sie sich neuen Technologien zuwenden. Dabei sehen 93 % der befragten Marketer hierzulande in generativer KI und synthetischer Forschung beispielsweise einen Wettbewerbsvorteil. 94 % von ihnen nutzen im Zuge dessen zum Beispiel synthetische Daten oder planen dies innerhalb der nächsten zwölf Monate. Damit sind künstlich generierte Daten gemeint, die reale Datensätze nachahmen, ohne von echten Personen abzustammen.

Synthetische Daten besser als traditionelle?
Die Vorteile synthetischer Daten liegen aus Sicht der Führungskräfte auf der Hand
und versprechen einen entscheidenden Wettbewerbsvorteil:

- 86 % halten synthetische Daten für genauer und nützlicher als traditionelle
  Methoden.
- 91 % sehen schnellere Marktkenntnisse.
- 89 % berichten von tieferen Einblicken.

Besonders häufig werden die Technologien genutzt, um Umfragen zu ergänzen
oder zu ersetzen (67 %), Datenlücken zu schließen (62 %) oder Kundenprobleme
entlang der Customer Journey zu identifizieren (57 %).

Bedenken bleiben
Trotz dieser offenbar hohen Akzeptanz moderner Technologien und Methoden der
Datenanalyse herrscht Skepsis unter deutschen Marketern.

- So betonen 87 %, dass mögliche Vorurteile in KI-Daten, die beispielsweise
  Demografie und Ideologien umfassen, beseitigt werden müssen, um vertrauens-
  würdige Ergebnisse zu sichern.
- Hinzu kommen Sorgen um Ungenauigkeiten (49 %),
- Datenschutz (46 %) und
- Integrationshürden der KI-Daten (43 %).

Gelingt es künftig, diese Bedenken aus der Welt zu schaffen, spricht für neun von
zehn der Befragten nichts mehr dagegen, dass Künstliche Intelligenz imstande sein
wird, das Verständnis ihrer Organisation für Kunden und Märkte grundlegend zu
verbessern.

Zur Nachverfolgung der enthaltenen Literaturhinweise siehe ▶ *https://go.sn.*
pub/ghbkg6

Gen AI-Tools verändern das Suchverhalten

15

Johanna Leitherer am 18.08.2025
KI-Sprachassistenten werden als Suchmaschine immer beliebter. Das hat nicht nur Auswirkungen auf das Nutzerverhalten, sondern auch auf Monopolist Google und Werbetreibende. Die rasante Entwicklung im Überblick.

Bis vor wenigen Jahren dominierte Google unangefochten die Spitze der Suchmaschinen. Nun hat der Tech-Konzern aus dem Silicon Valley erstmals Einbußen bestimmter Suchanfragen eingeräumt. Diese seien auf Such-Tools zurückzuführen, die auf Generativer Künstlicher Intelligenz (Gen AI) basieren. Vorrangig ist das Sprachmodell Chat GPT betroffen, das zum US-amerikanischen Unternehmen Open AI gehört.

Chat GPT rangelt mit Google
Von rund 90 % seien Googles Anteile auf dem Markt für Desktop-Suchanfragen in Deutschland unter 74 % gesunken, wie das Online-Magazin xpert.digital berichtet. Oftmals handele es sich bei den Abkehrern aber um Schüler und Studenten, deren Suchanfragen kaum Einfluss auf Googles Anzeigengeschäft hätten.

Das konzerneigene KI-Tool „Gemini" profitiert demnach im Vergleich zum Konkurrenten Chat GPT nur spärlich vom KI-Suchtrend: Während Chat GPT etwa 160 Mio. aktive tägliche Nutzer vorweisen kann, kommt Gemini auf gerade einmal 35 Mio. User. Unabhängig vom Chatbot-Anbieter scheint die Entwicklung, dass klassische Suchmaschinen Schritt für Schritt von Gen-AI-Erweiterungen abgelöst beziehungsweise ergänzt werden, jedoch unaufhaltsam.

© Der/die Autor(en), exklusiv lizenziert an Springer Fachmedien Wiesbaden GmbH, ein Teil von Springer Nature 2026
E.-S. Krah, J. Leitherer, *Best of springerprofessional.de 2025: Marketing + Vertrieb*, essentials, https://doi.org/10.1007/978-3-658-50812-8_15

KI-Suchtools sind omnipräsent
Wie rasant diese Verschiebung bereits vonstattengeht, belegt die Studie „Der Aufstieg der KI-Such-Archetypen" von Yext, einer Plattform für Markensichtbarkeit, die von Researchscape International durchgeführt wurde. Insgesamt wurden 2237 Konsumenten in den USA, Großbritannien, Frankreich und Deutschland befragt, die in den vergangenen drei Monaten Online-Käufe getätigt haben.

- Das Ergebnis: 76 % der deutschen User machen heute häufiger von KI-Suchtools Gebrauch als noch vor einem Jahr.
- 38 % der Befragten nutzen die KI-Suche täglich oder auch mehrmals täglich.
- Weitere 32 % greifen mehrmals die Woche auf Chat GPT & Co. zurück.
- Auch hier preschen die Deutschen voran: 70 % der hiesigen Befragten greifen mindestens mehrmals pro Woche zu KI-Suchlösungen.

Ergebnisse erzeugen Vertrauen
Laut der Studie lassen sich 42 % der deutschen Verbraucher von Gen-AI-Suchtools bei der kreativen Ideenfindung unterstützen. Dabei geht es 32 % um schnelle und sachliche Antworten. Zwar haben traditionelle Suchmaschinen hierbei immer noch die Nase vorne (49 %). Nichtsdestotrotz ist die Entwicklung beachtlich und vor allen Dingen rasant. Websites haben als direkte Anlaufstelle zur Recherche im Vergleich zu Suchanwendungen kaum Relevanz: Lediglich zwölf Prozent suchen direkt auf Websites nach Antworten.

Neben rationalen Beweggründen spielt auch eine emotionale Komponente dem Erfolg der Chat-GPT-Macher und Anbietern anderer KI-Anwendungen in die Karten. So vertrauen weltweit 62 % der Konsumenten den Informationen, die sie von den smarten Chatbots erhalten. Mit 64 % liegt dieser Anteil in Deutschland sogar noch höher. Offenbar überzeugt, dass die KI-Suche den Konsens etlicher Quellen ermittelt. Vor Googles „Übersicht mit KI" als erstes Trefferergebnis bei Online-Recherchen wurde lediglich eine prominent in der Suchmaschine platzierte Website angezeigt.

Anzeigengeschäft im Umbruch?
Die modernen Chatbots sind aktuell offenbar weniger leistungsstark bei regionalen Fragestellungen: 72 % der Konsumenten in Deutschland haben KI-Plattformen zwar bereits genutzt, um nach lokalen Produkten oder Dienstleistungen zu suchen. Den Ergebnissen vertrauen jedoch nur 19 %. Traditionelle Suchmaschinen schneiden deutlich besser ab: 43 % schenken den Ergebnissen zu lokalen Recherchen Glauben, was insbesondere regional agierenden Unternehmen zugutekommt.

Auch beim Anzeigengeschäft kann sich Google noch über seine Vorreiterrolle freuen — zumindest zum jetzigen Zeitpunkt. Denn laut Angaben von Chat GPT könnten auch in Gen-AI-Suchtools künftig werbliche Anzeigen möglich sein. Da objektive Informationen das Aushängeschild der Plattform sind, sind marken-gefärbte Suchergebnisse aber eher unwahrscheinlich oder als solche eindeutig ge-kennzeichnet. Indirekt profitieren Unternehmen aber schon heute von Gen AI, indem die Tools bei der Erstellung von Kampagnen helfen oder Suchfunktionen auf Unternehmenswebsites unterstützen.

Zur Nachverfolgung der enthaltenen Literaturhinweise siehe ▶ *https://go.sn. pub/etp6hp*

Hyperpersonalisierung in die Realität überführen

16

Johanna Leitherer am 13.03.2025

Unternehmen legen in Marketing und Vertrieb große Hoffnung in die Hyperpersonalisierung, da sich daraus zahlreiche Chancen in der Kundenkommunikation ergeben. Aber noch ist es ein holpriger Weg bis zum Ziel.

Marketer setzen schon seit langem auf personalisierte Online-Werbung, um Kundenwünsche optimal erfüllen zu können. Das Kundenerlebnis, die Customer Experience (CX), wird auf diese Weise verbessert und die Kundenbindung gefördert. Mit Hyperpersonalisierung, die oftmals als „Revolution im Marketing" betitelt wird, soll die Entwicklung allerdings künftig noch ein weitaus höheres Niveau erreichen. Denn auf Basis kombinierter Datensätze lassen sich zum Beispiel 360-Grad-Kundenprofile erstellen, die mittels Künstlicher Intelligenz analysiert und in Echtzeit mit entsprechenden Werbeausspielungen beantwortet werden. Auch für den Vertrieb sind diese Kundenprofile für passgenaue Vertriebsmaßnahmen wichtig.

Personalisierung wirkt

An Personalisierung geht bereits jetzt kein Weg vorbei, wenn Unternehmen kundenzentriert agieren wollen. Das bestätigt auch eine aktuelle Umfrage des Digitalverbands Bitkom e. V., an der rund 1000 Internetnutzer teilgenommen haben. Demnach wird personalisierte Werbung nicht nur als solche erkannt, sondern findet auch eine deutliche Akzeptanz. So haben 54 % der Befragten bereits einmal ein Produkt gekauft, das zuvor in einer personalisierten Anzeige beworben wurde.

Von den Befragten haben sogar 44 % bereits aufgrund einer personalisierten Werbemaßnahme ein stationäres Geschäft aufgesucht. Bernhard Rohleder, Hauptgeschäftsführer des Bitkom, kommentiert die Studienergebnisse wie folgt:

© Der/die Autor(en), exklusiv lizenziert an Springer Fachmedien Wiesbaden GmbH, ein Teil von Springer Nature 2026
E.-S. Krah, J. Leitherer, *Best of springerprofessional.de 2025: Marketing + Vertrieb*, essentials, https://doi.org/10.1007/978-3-658-50812-8_16

„Personalisierte Werbung ist für die Kundinnen und Kunden oft interessanter und für die Unternehmen effektiver als herkömmliche, nicht-personalisierte Werbung."

Kunden individuell und zum richtigen Zeitpunkt mit relevanten Marketingbotschaften zu erreichen, bildet jedoch gleichzeitig „eine der größten Herausforderungen der digitalen Kundenkommunikation", heißt es in einem Kapitel des Buchs „Künstliche Intelligenz im Dienstleistungsmanagement" von Manfred Bruhn und Karsten Hadwich. Die Autoren Matthias H. J. Gouthier und Nora Kern erklären darin, dass sich Verbindung mit dem Einsatz Künstlicher Intelligenz effizientere und effektivere Möglichkeiten der hochpersonalisierten Kundenansprache ergeben. Sie beobachten außerdem, dass die digitale Transformation der vergangenen Jahre gerade für das Marketing und das Kundenverhalten wichtige Veränderungen bewirkt hat: „Gerade die Erwartungshaltung des primär digital getriebenen Kunden zeigt sich heute dynamischer und anspruchsvoller als je zuvor und fordert individuelle Leistungskomponenten und Kommunikationsmaßnahmen, die sich den vorherrschenden Gegebenheiten anpassen" (Seite 132, Kreutzer 2018).

Produktabhängige Personalisierung
Interessanterweise entscheidet aber auch die Produktkategorie darüber, inwieweit zum Beispiel personalisierte Ads Anklang finden. Lebensmittel und Mode beispielsweise empfinden die befragten Verbraucher aus der Studie als prädestiniert für die Personalisierung. Cross- und Upselling-Methoden, die auf Produkte verweisen, die zum Surfverhalten und der Kaufhistorie passen, sind in diesen Segmenten bereits gang und gäbe. Das gilt auch für die Unterhaltungsbranche: Streaming-Dienste zeigen beispielhaft, wie sie mit Video-Empfehlungen das Nutzerverhalten ihrer Kunden strategisch aufgreifen.

Anzeigen rund um Immobilien oder politische Parteien dagegen profitieren aktuell etwas weniger von Personalisierung, wenn diese auf den Konsumenten zugeschnitten ausgespielt werden. Offenbar punktet Personalisierung vor allem dann, wenn es sich um niedrigschwellige Käufe handelt. Die Erkenntnisse hierzu veranschaulicht Abb. 16.1:

Hyperpersonalisierung auch im B2B-Sektor
Im Content-Marketing gilt nicht nur Personalisierung, sondern auch die weiterentwickelte Form der Hyperpersonalisierung als äußerst erfolgversprechend. In seinem Blogbeitrag „Content Marketing 2025: die wichtigsten Trends" betont der Journalist und Unternehmer Michael Dunker, dass personalisierte Inhalte dabei unterstützen, Streuverluste einzudämmen. Dadurch lassen sich Marketing-Budgets effizienter einsetzen. Wenn die Inhalte die Wünsche der Kunden widerspiegeln, fühlen sich diese zudem verstanden, was die Kundenzufriedenheit verbessert.

Für niedrigschwellige Käufe nützlich

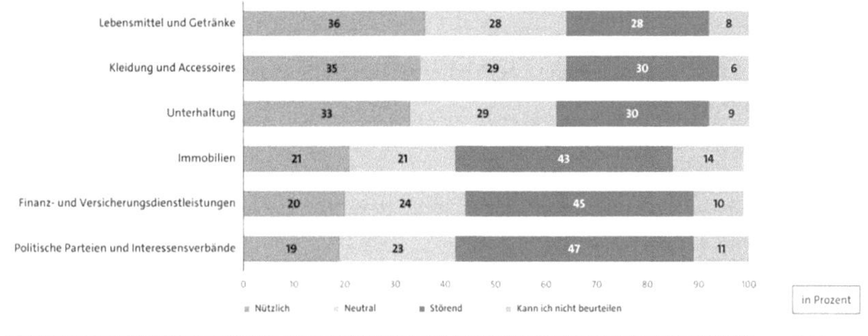

Abb. 16.1 Nicht jede Branche kann gleichermaßen mit personalisierten Anzeigen glänzen. © Bitkom e. V.

Kunden fühlen sich in Folge stärker angesprochen, was zu höheren Wandlungsraten führt, indem etwa die Kaufwahrscheinlichkeit erhöht wird. Auch Betriebe aus dem Business-to-Business-Segment (B2B) haben angesichts dieser Vorteile die Chancen des Trends erkannt, wie Dunker erklärt:

„Unternehmen nutzen Hyperpersonalisierung, um individuelle Whitepapers oder Fallstudien zu generieren, die genau auf die Bedürfnisse eines potenziellen Geschäftspartners zugeschnitten sind."

Das wiederum unterstützt Vertriebsaktivitäten positiv, etwa bei der Leadgenerierung und -qualifizierung, und festigt B2B-Kundenbeziehungen.

Zusammenspiel von drei Faktoren ist wichtig
In seinem Beitrag „CX-Chancen besser nutzen", erschienen in der Fachzeitschrift Sales Excellence | Ausgabe 3/2025, weist Springer-Autor Harald Henn darauf hin, dass es bei der Hyperpersonalisierung auf das Zusammenspiel von drei Faktoren ankommt, nämlich von

- Customer-Data-Plattformen,
- generativer AI und
- Marketing-Automation-Systemen

Unternehmen ernten erste Früchte von dieser Strategie und nähern sich damit an das Ziel eines 1:1-Marketings an.

Allerdings klafften das Selbstbild der Unternehmen und die Kundenerwartung auseinander, meint Henn und konstatiert deshalb weiteren Handlungsbedarf aufseiten der Unternehmen. Das treffe besonders auf den Bereich der Analyse und der Vorhersage des Kundenverhaltens (Predictive Analytics) zu. Henn merkt dazu auf Seite 29 des Beitrags an:

Hier passiert schlicht zu wenig. In diesem Zusammenhang von Begriffen wie „Hyperpersonalisierung" zu schreiben, die eine Erwartung wecken, die aktuell kaum ansatzweise zu realisieren ist, erscheint dementsprechend als eine neue Form von Marketing-Hype."

Datengrundlage schaffen
Die technischen Grundlagen sind gegeben, doch diese müssen mit soliden Datensätzen gefüttert werden, damit es zu den gewünschten Ergebnissen kommt. Im Kapitel „Der kundenzentrierte Wandel und seine Bedeutung für Innovation im Vertrieb" des Buchs „Transformation im Consumer Sales" fasst Springer-Autor Benjamin Schulte zusammen, dass es sich bei den generierten Informationen vor allen Dingen um

- Verkaufs- und Transaktionsdaten,
- Daten zur Kaufhistorie sowie
- Verhaltens- und
- Interaktionsdaten der Kunden handelt.

„Die Qualität dieser Daten ist von zentraler Bedeutung, da sie die Grundlage für präzise Analysen und Vorhersagen bildet", erklärt Schulte (Seite 7). Für Unternehmen stellt der Weg hin zur Hyperpersonalisierung also einen intensiven Prozess dar, der viele Chancen für Marketing und Vertrieb bietet.

Zur Nachverfolgung der enthaltenen Literaturhinweise siehe ▶ *https://go.sn. pub/53gw0a*

Johanna Leitherer am 20.01.2025
Höher, schneller, weiter: Beim Deep Content Marketing geht es darum, das Optimum aus der Kommunikationsstrategie herauszuholen. Der daraus erwachsende Content-Bedarf lässt sich auch mit Gen AI abdecken. Doch Vorsicht vor der Deepfake-Falle.

Deep Content ist streng genommen genau das, was die meisten Unternehmen seit jeher mit ihrer Marketingstrategie verfolgen. Wie Redakteur Enno Müller in einem Blogbeitrag des Marketinganbieters Deutsche Journalisten Dienste schreibt, nehmen Unternehmen mit Deep Content Marketing diejenigen Menschen als Zielgruppe ins Visier, die sich bereits im digitalen Einzugskreis der Kommunikationsmaßnahmen befinden.

Deep Content Marketing

„‚Deep' deshalb, weil es bei dieser Form des Content Marketings darum geht, eine schon recht konkrete Zielgruppe, man könnte sie im weitesten Sinne ‚Interessenten' nennen, durch sehr spezifischen (teils sogar individualisierten) Content immer tiefer zu durchdringen und letztlich in Kunden zu verwandeln", erklärt Müller. Bewährte Hebel sind demnach

- die Optimierung der Website für bessere Conversion Rates: Zielpersonen, die den Online-Auftritt besuchen, sollen dort zu einer bestimmten Handlung gebracht werden, etwa zum Download eines Whitepapers oder zum Ausfüllen eines Interessentenbogens.

71

E.-S. Krah, J. Leitherer, *Best of springerprofessional.de 2025: Marketing + Vertrieb*, essentials, https://doi.org/10.1007/978-3-658-50812-8_17

- Außerdem wird beim Deep Content Marketing eruiert, wie sich Kommunikationskanäle, beispielsweise die Social-Media-Profile, wirkungsvoller mit Inhalten bestücken lassen.
- Ebenso wichtig kann es sein, die Effektivität des Newsletters zu steigern.

Personalisierung mit Gen AI

Da die Optimierung der Kommunikationsmaßnahmen stark kundenabhängig ist, da unterschiedliche Bedürfnisse erfüllt werden müssen, bedienen sich Marketer zunehmend an Tools, die auf Künstlicher Intelligenz (KI) basieren. Vor allem generative KI, im Englischen „Gen AI", eröffnet hierzu enorme Möglichkeiten, die auch angesichts des steigenden Zeitdrucks das Interesse der Marketer wecken. Im Buchkapitel „KI – die Leise Disruption Im Marketing" berichten die Springer-Autoren Markus H. Dahm und Meik Vogler, dass Gen AI für folgende Anwendungsgebiete prädestiniert ist:

- **Strategie und Planung:** KI automatisiert Datenanalysen und ermöglicht personalisierte Marketingstrategien.
- **Kreative Prozesse:** Tools, zum Beispiel Midjourney, Neuroflash und andere Anwendungen erzeugen hochwertige Inhalte.
- **Organisation:** KI optimiert interne Prozesse, von der Dokumentenverwaltung bis zur Meetingorganisation.

Deepfakes als Problem

Gerade im Deep Content-Marketing steigt der Druck, regelmäßig Inhalte zu veröffentlichen, die optisch und inhaltlich sofort ansprechen. Gen AI ist deshalb verlockend, um Bilder, Videos und Texte in Sekundenschnelle zu generieren. Auch die Qualität überzeugt, zumindest auf den ersten Blick. Logische Fehler schleichen sich bei Bildern und Videos jedoch immer wieder noch ein, wie auch das „Handelsblatt" schreibt. Auch Texterstellungsprogramme wie Chat GPT unterlaufen Fehler, was Fachkräfte im Auge behalten sollten, um unseriöse Meldungen in ihrer Kundenkommunikation zu vermeiden.

Marketer, die Gen AI nutzen, möchten, dass die damit erstellten Inhalte beispielsweise echten Bildern und Videos in nichts nachstehen. Doch in diesem Bestreben liegt auch eine Gefahr: Der Inhalt kann nämlich in die Kategorie „Deepfake" abrutschen. Damit sind künstlich generierte Bilder und Videos gemeint, die auf den ersten Blick nicht als solche erkennbar sind. Das alleine wäre kein Grund, die Technologie zu verteufeln. Allerdings kommen Deepfakes vermehrt auch zu kriminellen Zwecken zum Einsatz.

Transparenz den Kunden gegenüber

Nutzen Unternehmen durch Gen AI entstandene Deepfakes, besteht vor allen Dingen dann ein Problem, wenn sie diese nicht als solches kennzeichnen oder sie in einem unseriösen Kontext verwenden. In Nachrichten etwa sind Deepfakes äußerst problematisch, während sie als ausgewiesenes Symbolbild wiederum von Interesse sein können.

Transparenz wird also im KI-gestützten Deep-Content-Marketing zum entscheidenden Qualitätskriterium. Das sehen auch die Kunden so: Bereits im Juli 2023 hat der Digitalverband Bitkom e. V. gemeldet, dass sich auch 84 % der Verbraucher eine Kennzeichnungspflicht künstlich generierter Bilder und Videos wünschen.

Zur Nachverfolgung der enthaltenen Literaturhinweise siehe ▶ *https://go.sn. pub/cwy3h5*

Was Sie aus diesem *essential* mitnehmen können

- Ein klares Verständnis der wichtigsten Trends und Herausforderungen für Marketing und Vertrieb im digitalen Zeitalter
- Orientierung zu den zentralen Kompetenzen, die für die Transformation von Marketing und Vertrieb entscheidend sind
- Impulse für die erfolgreiche Kundenansprache durch Hyperpersonalisierung und Deep Content